Le guide de
L'ÉPANOUISSEMENT
SEXUEL

Données de catalogage avant publication (Canada)

Pelletier, Julie

Le guide de l'épanouissement sexuel

(Sexualité)

ISBN 2-7640-0650-0

    1. Sexualité. I. Titre. II. Collection : Collection Sexualité (Éditions Quebecor)

HQ21.P44 2002   306.7   C2002-941101-7

LES ÉDITIONS QUEBECOR
7, chemin Bates
Outremont (Québec)
H2V 4V7
Tél. : (514) 270-1746

©2002, Les Éditions Quebecor
Bibliothèque nationale du Québec
Bibliothèque nationale du Canada

Éditeur : Jacques Simard
Coordonnatrice de la production : Dianne Rioux
Conception de la couverture : Bernard Langlois
Illustration de la couverture : Marc Vaughn/Masterfile
Illustrations intérieures : Michel Poirier
Révision : Sylvie Massariol
Correction d'épreuves : Jocelyne Cormier
Maquette intérieure et infographie : Claude Bergeron

Nous reconnaissons l'aide financière du gouvernement du Canada par l'entremise du Programme d'Aide au Développement de l'Industrie de l'Édition pour nos activités d'édition.

Gouvernement du Québec — Programme de crédit d'impôt pour l'édition de livres — Gestion SODEC.

Imprimé au Canada

Le guide de
L'ÉPANOUISSEMENT SEXUEL

Julie Pelletier

LES ÉDITIONS
Quebecor
QUEBECOR MEDIA

Amore, que ferais-je sans ta passion inconditionnelle ?
À ma mère, qui continue d'être mon phare.
À mes anges du ciel, qui sont toujours très protecteurs.
À mes patients, qui me gardent bien *groundée* !

Remerciements

Un merci bien spécial à Danny Croteau, sexologue éducateur, sans qui la rédaction des chapitres sur la contraception et les maladies transmissibles sexuellement aurait été ardue. Danny, ton soutien technique et ton appui moral m'ont été et me sont encore bien précieux !

Merci aussi à ceux et à celles qui ont accepté, sous le couvert de l'anonymat, de partager avec nous une tranche de leur vie.

Merci à Michel, mon illustrateur, de rendre réelles ces images !

Un univers de plaisirs et de mystères

La sexualité compose à elle seule un monde mystérieux, rempli de sensations et, parfois, d'interrogations. Malgré la « révolution sexuelle » des années soixante, il existe encore tant de tabous et d'interdits que, bien souvent, les réponses ne viennent pas même si on se pose les bonnes questions.

Longtemps, la responsabilité érotique a été attribuée uniquement à l'homme ; cette passivité féminine a amené plusieurs femmes à perdre le goût de faire l'amour, voire le désir sexuel. En ne prenant que très peu part à la vie sexuelle du couple, elles ont remis entre les mains de leurs partenaires le savoir érotique infini. Tragique malentendu ! Bien sûr, maintenant, on sait que chaque individu est responsable de l'épanouissement de sa propre vie sexuelle, mais il ne faut pas oublier que le couple est, en soi, une entité qui a de grandes responsabilités sur ce plan.

Tout le monde s'entend pour dire que la sexualité fait partie intégrante de la vie, bien que l'importance qu'on y accorde varie énormément d'une personne à l'autre. En fait, prise dans son sens large, la sexualité compose au moins 90 % de la vie d'un individu et d'un couple. La génitalité ne définit pas à elle seule la sexualité. La complicité, l'érotisme, la communication, le partage, la connaissance de son corps et de celui de l'autre, la découverte de ses propres besoins et désirs et de ceux de son ou sa partenaire, la masturbation, l'intimité, l'engagement, la responsabilité, l'identité… voilà ce qui constitue l'essence sexuelle d'un individu.

Bien sûr, chacun vit et ressent les choses à sa façon. Le plaisir et la jouissance obtenus lors des ébats sexuels et amoureux ne connaissent pas toujours un déroulement simple, puisque la mise en marche diffère considérablement entre les hommes et les femmes. Bien des femmes me confient pouvoir se passer de sexe durant de longues périodes, alors que certains hommes m'avouent qu'ils préféreraient mourir plutôt que de ne plus jamais faire l'amour... Quelle différence ! Rassurez-vous, malgré tout, il est possible de parvenir à l'épanouissement sexuel en couple !

Pour vous y aider, j'ai eu envie de vous offrir un volume clair, complet et enflammant, laissant de côté tout le jargon scientifique qui se rattache parfois à certaines explications. C'est en passant par la sexualité en solo, le désir sexuel, les pannes, les types d'orgasme, les positions sexuelles les plus prisées, la contraception et les MTS, entre autres, que nous voyagerons ensemble à travers ce monde extraordinaire qu'est la sexualité. Alors, que vous soyez homme, femme, hétérosexuel, homosexuel ou bisexuel, vous trouverez certainement dans ce livre des réponses à vos questions !

Surtout, vous découvrirez dans les pages qui suivent que l'apogée des relations sexuelles prend sa source dans l'accomplissement de soi. Le don d'amour et le don de soi, qui confèrent à une relation sexuelle une dimension infiniment plus grande que la simple génitalité, permettent à cet amour de croître, d'évoluer et de mûrir. Ce livre traite donc du comment, mais aussi de la raison d'être.

J'aurai le privilège, à travers les chapitres de ce livre, de vous accompagner dans vos découvertes et je souhaite que ces informations vous stimuleront dans votre quête de connaissances afin que vous puissiez jouir pleinement d'une sexualité épanouie !

Le plaisir en solitaire

Selon la définition du *Petit Larousse*, le plaisir est un « état de contentement que crée chez quelqu'un la satisfaction d'une tendance, d'un besoin, d'un désir ; bien-être ». Nous n'avons pas besoin de remonter bien loin dans le temps pour constater que la notion de plaisir a été ignorée, voire bafouée. De fait, cet état a longtemps été inconnu, particulièrement des femmes qui ne vivaient essentiellement que pour les autres, c'est-à-dire pour leur famille. À eux seuls, l'éducation et l'entretien de la maisonnée occupaient toutes leurs pensées et toutes leurs journées. Bien loin d'elles l'idée de prendre du temps pour se détendre et apprécier leur corps de femmes !

Heureusement, les choses ont changé ! Bien sûr, il est tout à fait légitime de devoir faire passer certaines priorités avant tout plaisir, mais le simple fait de s'accorder quelques minutes par jour permet de rendre la vie plus agréable, plus légère. Toutefois, même aujourd'hui, plusieurs femmes associent encore les mots « plaisir » et « égoïsme ». Pourquoi ? Sans doute parce que, pendant que l'on se fait plaisir – à soi – en prenant le temps de revenir dans ses propres souliers, les gens de l'entourage peuvent éprouver un sentiment de délaissement, voire d'abandon. Chacun est en attente et il n'est pas facile pour bien des femmes de placer leurs besoins avant ceux de leur famille sans se sentir coupables.

De fait, se défaire d'un sentiment de culpabilité pour mettre à profit un style de vie qui met davantage le plaisir en relief n'est pas une tâche aisée. Imaginons les sentiments qui pourraient émerger si on parlait d'intégrer la masturbation comme moyen de découverte de son corps et comme façon de s'initier au plaisir de la chair ! Le simple mot « masturbation » en fait bondir plus d'un ! Ce terme a souvent été utilisé pour décrire des comportements déplacés, de sorte que, pour certaines personnes, la masturbation souille la sexualité. D'autres affirment ne pas en ressentir le besoin et n'y accordent aucune importance. Bref, il plane toujours un sentiment de malaise au-dessus de cette pratique.

De plus, la masturbation féminine est davantage perçue comme un rite solitaire que comme un plaisir sexuel. Pour ce qui est des hommes, eh bien, il semble que la masturbation soit beaucoup plus répandue, comme nous le verrons un peu plus loin.

Il reste que la culpabilité associée au plaisir que procure ce type de caresses décourage vivement la liberté d'expression, particulièrement chez les femmes. Une éducation stricte ou très religieuse, les blâmes ou les affirmations décrétant que la sexualité est quelque chose de sale ou de pervers nuisent assurément au plaisir émotionnel exempt d'embarras. Car, bien qu'il soit relativement aisé d'accepter rationnellement que la masturbation ne rende pas sourd et ne donne pas de poils dans les mains, ce comportement vient tout de même heurter certaines valeurs bien enracinées.

Partons donc à la découverte de ce comportement !

PETIT GUIDE DU SEXE EN SOLO
POUR LA FEMME

D'abord, parlons d'anatomie. Le corps de la femme ne montre qu'une partie de ce qui compose son appareil génital, puisque la plupart des organes se trouvent à l'intérieur. Il n'est donc pas étonnant que la découverte de leurs réactions sexuelles s'étende sur plusieurs mois, voire plusieurs années ; pour certaines d'entre elles, en effet, leur corps leur réserve bien des surprises !

LES ORGANES GÉNITAUX EXTERNES (VULVE)

Les grandes lèvres, les petites lèvres, le clitoris, le méat urinaire et l'entrée du vagin constituent la vulve. Cette région du corps est sensible, bien innervée et très érogène. Elle est délimitée

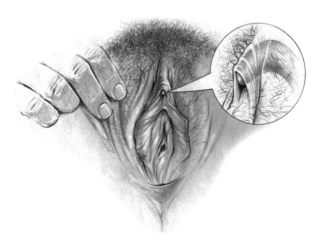

à l'avant par le pubis, à l'arrière par le périnée et sur les côtés par les grandes lèvres.

Le clitoris

C'est l'organe sexuel le plus sensible chez la femme, car il est hautement innervé. En fait, c'est l'équivalent du gland du pénis chez l'homme, puisqu'il est érectile, lui aussi. La majeure partie de cet organe est interne ; selon les chercheurs, le clitoris s'étendrait relativement loin à l'intérieur de la vulve.

Les grandes lèvres

Ces lèvres servent à protéger les orifices vaginal et urinaire ainsi que les petites lèvres. La peau de la partie externe est recouverte de poils, alors que la face interne est lisse et plus sensible.

Les petites lèvres

Ce sont les replis cutanés que l'on aperçoit lorsque les grandes lèvres sont entrouvertes. Elles sont rougeâtres ou rosées, glabres et très sensibles. La partie supérieure forme le capuchon du clitoris, alors que la partie inférieure se fond avec les grandes lèvres. Certaines femmes aperçoivent leurs petites lèvres lorsque la vulve est au repos puisqu'elles dépassent les grandes ; c'est tout à fait normal.

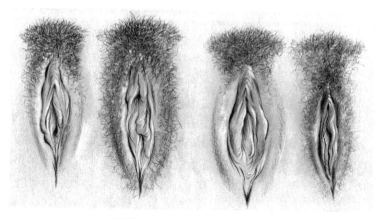

Différents types de vulves

L'entrée du vagin

L'aspect de l'entrée du vagin dépend de la forme et de l'état de l'hymen. Même après la perforation de l'hymen, il arrive qu'il reste quelques bouts de membrane autour de l'orifice vaginal ; chez une femme active sexuellement, la membrane s'use rapidement et sa disparition complète se fait au cours de l'accouchement. L'orifice vaginal n'est pas une ouverture béante.

Le méat urinaire

Situé sous le clitoris, le méat urinaire ne joue aucun rôle dans la fonction sexuelle ou reproductive, mais c'est de cet orifice que sort l'éjaculation féminine occasionnée par la stimulation du point G.

Les glandes

Au niveau de la vulve, on trouve différentes glandes :

- les glandes sébacées, qui fabriquent les graisses responsables de la lubrification des poils ;
- les glandes sudoripares, qui sont responsables des odeurs de la vulve – odeurs caractéristiques de l'individu. Ces glandes se retrouvent chez l'homme et chez la femme ;
- les glandes de Skènes (situées près du méat urinaire) et les glandes de Bartholin (situées de part et d'autre de l'orifice vaginal), qui sécrètent quelques gouttes d'un liquide clair servant à lubrifier la vulve. Leur action n'est pas continue et agit comme complément aux lubrifiants intravaginaux.

La lubrification vaginale se fait par la transsudation du vagin.

LES ORGANES GÉNITAUX INTERNES

L'appareil génital de la femme se compose du vagin, de l'utérus, des trompes de Fallope et des ovaires.

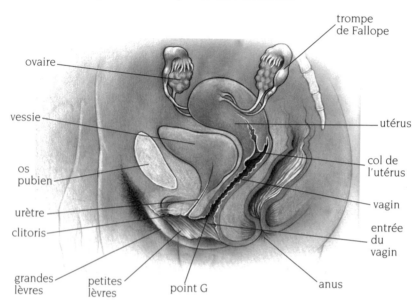

Le vagin

C'est un organe creux et tubulaire qui se situe entre la vessie et le rectum. Il s'allonge entre l'entrée du vagin et le col de l'utérus. Il mesure en général de 8 cm à 10 cm et peut prendre plus ou moins 50 % d'expansion lors d'un rapport sexuel.

L'utérus

C'est aussi un organe creux et musculaire. Dans plusieurs cas, il prend la forme et la taille d'une poire inversée. Il est composé de quatre parties : le fond (plus large, arrondi, sous les trompes de Fallope) ; le corps (très musclé, prend beaucoup de volume lors de la grossesse) ; l'isthme (segment étroit sous le corps et qui s'allonge pendant la grossesse) ; le col (qui s'avance en saillie dans le vagin – c'est cette partie qui est sensible chez la femme lors d'une pénétration profonde). La paroi interne de l'utérus, qu'on appelle « endomètre », est constituée d'une couche musculaire épaisse.

Les trompes de Fallope

Ce sont deux conduits relativement étroits qui relient le fond de l'utérus et les ovaires. Les trompes ne sont pas attachées aux ovaires ; elles ont la forme d'un cône et se terminent par des franges frôlant les ovaires. Lors de l'ovulation, les franges happent l'ovule, qui se dirige ensuite vers l'utérus grâce aux cils vibratiles à l'intérieur des parois des trompes.

Les ovaires et les ovules

Ces organes correspondent aux testicules chez l'homme. Ils produisent les hormones femelles (œstrogènes et progestérone) et sont responsables de la maturation des ovules. Chez la jeune femme, les ovaires sont pâles et lisses, alors que chez les plus âgées, la surface est marquée de plusieurs cicatrices provoquées par les ovulations. Les ovaires disposent de plus de 400 000 ovules (ou œufs), mais seulement 400 d'entre eux parviendront à maturité et seront libérés au cours de la vie de la femme. Chaque ovule est entouré d'un anneau de cellules ; cet ensemble est appelé follicule.

LES SEINS

Les seins ne sont pas des organes reproducteurs, mais ils entrent dans la catégorie des organes sexuels, spécialement chez

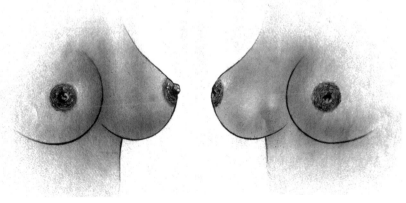

Mamelons invaginés

la femme. Les seins et les mamelons ont un caractère hautement érotique et érogène pour la plupart des gens.

QUELQUES FAÇONS D'AVOIR DU PLAISIR...

Les parties érogènes génitales sont la vulve, le tiers externe
du vagin ainsi que le col de l'utérus chez certaines femmes (lors
de la pénétration).

L'exploration

Avant toute chose, il est essentiel que vous preniez le temps de
faire connaissance avec vos organes génitaux externes. Prenez
un bain ou une douche, assurez-vous d'être seule ou tranquille à la maison et faites en sorte que la pièce soit très confortable : ajustez en conséquence la température ambiante et
l'éclairage, débranchez le téléphone, faites jouer une musique
qui vous inspire, assurez-vous que la douceur des draps vous
convient...

Allongée sur le dos, les jambes légèrement relevées et écartées devant un miroir, vous pouvez apercevoir votre pubis (mont
de Vénus, généralement couvert de poils) et votre vulve. Avant
de commencer les stimulations génitales, amusez-vous à vous
caresser le corps à l'aide d'une huile de massage ou d'une
crème hydratante. Portez une attention particulière aux régions
sensibles et variez la pression de vos doigts ou de vos mains
afin d'apprécier différentes sensations.

Ensuite, descendez vers votre vulve. N'appliquez ni huile
de massage ni crème sur votre vulve, sinon, vous risquez de
vous retrouver avec une infection... Utilisez plutôt un bon lubrifiant à base d'eau, non collant et non parfumé (*voir la section sur
les lubrifiants, à la page* 129). Mettez un peu de lubrifiant sur vos
doigts et faites-les glisser sur votre vulve, entre vos grandes
lèvres. Certaines femmes éprouvent des sensations de cha-
touillement lors de ces touchers, ce qui est tout à fait normal.

Toujours devant le miroir, tentez de repérer ce qui compose votre vulve. Laissez retomber votre tête sur l'oreiller et

prenez le temps de vous détendre pour apprécier chaque caresse. Effectuez des pressions, des frottements, spécialement sur votre clitoris ou autour de lui. C'est la partie la plus sensible de votre vulve, alors allez-y doucement ! Manipulez votre clitoris en utilisant vos petites et grandes lèvres ou en appuyant légèrement dessus directement.

Variez vos caresses afin de trouver ce qui vous plaît : pressions douces, fermes, mouvements circulaires, etc. Par la suite, assurez-vous de garder un rythme régulier ; au besoin, augmentez la cadence pour vous conduire à l'orgasme. Le majeur et l'index sont généralement les doigts favoris pour la stimulation clitoridienne chez les femmes. Certaines utilisent leur autre main pour se caresser le corps ou pour insérer un doigt à l'entrée du vagin. Vous pouvez contracter les fesses, émettre des sons, contracter et relâcher les muscles de votre plancher pelvien (ces muscles que l'on contracte pour retenir le jet d'urine), bouger vos hanches, vos jambes, contracter votre ventre, serrer très fort vos talons ensemble... Faites des expériences : c'est de cette façon que vous trouverez ce qui vous amène au septième ciel !

Comme thérapeute, je vous suggère d'apprivoiser ce comportement sexuel, qui non seulement vous donnera bien du plaisir, mais vous aidera également à vous sentir à l'aise dans votre sexualité. La masturbation vous permettra de mieux connaître votre corps, de découvrir les sensations qui vous plaisent... ainsi que celles qui ne vous plaisent pas. Elle vous donnera la possibilité de prendre en main (c'est le cas de le dire !) votre sexualité et votre plaisir !

Rappelez-vous qu'il revient à chacun et à chacune de prendre l'entière responsabilité de son plaisir ; de cette façon, on ne vit pas en attente d'un orgasme ou d'un désir sexuel : on le provoque.

Rares sont les femmes qui arrivent à se masturber ou à atteindre l'orgasme sans fantasmes. Je vous recommande donc de cultiver votre jardin secret en laissant libre cours à votre imagination. L'imaginaire érotique se développe. Imaginez des

Petit secret dévoilé

La masturbation est tout à fait naturelle, même pour les gens qui sont en couple. Elle ne remplace pas la relation sexuelle, mais elle procure un plaisir différent. En vous masturbant, vous faites quelque chose pour vous et non pas contre votre couple.

scénarios qui vous excitent, faites des lectures suggestives… Bref, laissez-vous emporter dans un monde sexuel sans craindre d'être perverse. Les fantasmes sont là pour vous faire rêver, et non pas pour que vous les réalisiez, alors permettez-vous de franchir les limites de votre imagination en vous caressant !

Afin de stimuler son désir sexuel, toute femme aurait avantage à avoir au moins une pensée à caractère sexuel par jour, à se masturber quelques fois par semaine (une ou deux) et à prendre conscience de son pouvoir de séduction. Ne craignez rien, la masturbation ne vous enlèvera pas le goût de faire l'amour avec votre conjoint, BIEN AU CONTRAIRE ! La sexualité féminine est comme un estomac : plus on lui donne de nourriture, plus elle s'agrandit et plus elle en réclame !

Voyons maintenant quelques techniques de masturbation.

1re technique de masturbation : les doigts

La position favorite est celle du missionnaire de la masturbation : allongée sur le dos, les jambes légèrement écartées. La plupart des femmes utilisent un ou plusieurs doigts : le majeur et l'index sont les favoris. La plupart des femmes se caressent directement la vulve, mais certaines apprécient se toucher à travers leur petite culotte. Au-delà de 90 % des femmes jouissent plus facilement par stimulation clitoridienne lors de la masturbation. Un très faible pourcentage d'entre elles caressent l'entrée de leur vagin et y insèrent un doigt ou un objet pour jouir ; ce comportement est tout à fait normal même s'il est peu fréquent. Car, en fait, il n'y a pas UNE bonne technique pour jouir.

Je vous suggère de commencer par des caresses légères : titillez d'abord votre vulve et rapprochez-vous doucement de votre clitoris. De l'autre main, vous pouvez vous caresser le corps ou les seins. Toutefois, en général, les touchers se concentrent sur le clitoris. Si votre clitoris est très sensible, caressez-vous tout autour par des mouvements circulaires ou de haut en bas ; autrement, vous apprécierez sans doute une pression directe sur le clitoris.

Bien des femmes apprécient l'utilisation d'un lubrifiant commercial, d'autres plongent un doigt dans leur vagin pour se servir de leurs sécrétions naturelles ; certaines doivent essuyer la région à l'occasion puisque la lubrification y est très abondante.

La position du missionnaire inversée se vit sensiblement de la même façon, mais cette fois, la femme est étendue sur le ventre pour caresser sa vulve et son clitoris. Les résultats sont les mêmes !

2ᵉ technique de masturbation : les gadgets érotiques

Vous pouvez également vous servir d'un objet sexuel – vibro-masseur ou godemiché – pour vous masturber. Les sensations que procure le vibromasseur sont électriques : c'est une façon sûre d'avoir un orgasme en peu de temps. Vous pouvez l'appliquer directement sur votre clitoris ou l'appuyer sur les lèvres pour stimuler votre clitoris indirectement. Seulement environ 15 % des femmes l'introduisent dans leur vagin pour jouir, les autres se concentrent sur leur clitoris.

Le godemiché, objet de forme phallique (comme un pénis) qui ne vibre pas, remplace en quelque sorte les doigts. Vous pouvez l'utiliser pour faire des pressions et des mouvements sur votre clitoris afin de jouir.

Toutefois, il est préférable de ne pas se servir systématiquement de ces gadgets puisqu'ils ne vous permettent pas de découvrir de nouvelles façons de jouir avec les doigts, façons que vous pourrez ensuite reproduire grâce aux doigts et à la langue de votre partenaire ; de plus, en faire une habitude pourrait vous empêcher de trouver du plaisir de multiples façons. À mon avis, il est plutôt rare qu'une femme développe un sentiment de dépendance à l'égard de son vibrateur, car rien ne remplace la chaleur d'un partenaire enflammé ! Alors, pourquoi ne pas utiliser votre jouet érotique en alternance avec les caresses de votre amoureux !

Il existe autant de techniques et de positions que celles du kama sutra pour vous stimuler avec votre vibromasseur, bien que la position la plus prisée reste celle du mission-naire. Allongée sur le dos, appuyez l'objet sur vos petites ou vos grandes lèvres et maintenez-le ainsi jusqu'à l'orgasme, en variant peut-être la pression et la vitesse du vibromasseur. Si vous utilisez un godemiché et que vous l'insérez dans votre vagin, assurez-vous d'avoir à portée de main un lubrifiant conçu à cet effet.

Un bon nettoyage est de mise avant et après l'utilisation. Vous trouverez sur le marché des liquides spécialement con-çus pour cette tâche : ils sont sans danger et peuvent aider à prévenir les risques d'infections qu'un objet mal nettoyé pourrait occasionner.

3ᵉ technique de masturbation : la pomme de douche

Rien ne vaut la détente d'un bain ou d'une douche chaude après une dure journée de travail ou de stress ! Rien... sauf peut-être des caresses érotiques combinées au nettoyage du corps ! Bien des femmes se servent effectivement de pomme de douche pour se procurer des orgasmes puissants en effectuant une pression avec la pomme directement sur leur clitoris. Les jets de l'eau ainsi propulsés caressent vigoureusement la vulve, amenant la femme au septième ciel.

La position privilégiée pour ce type de stimulation est debout, préférablement le dos appuyé sur les parois de la douche et les jambes légèrement écartées. La plupart des femmes se touchent le corps, spécialement les seins, au fur et à mesure que l'excitation monte. Celles qui le font dans le bain possèdent une douchette et procèdent sensiblement de la même façon, à l'exception du fait qu'elles sont allongées sur le dos, les fesses légèrement relevées afin que la vulve soit à l'extérieur de l'eau. Les caresses effectuées avec le pommeau de la douche sont également parfois accompagnées de mouvements de bassin et de flexion des genoux – pour celles qui sont debout.

4ᵉ technique : les objets de la maison

Certaines femmes préfèrent se caresser la vulve et se donner un orgasme avec autre chose que leurs doigts ; elles utilisent alors des objets sur lesquels elles peuvent s'appuyer et se frotter pour se faire plaisir. À peu près tout peut faire l'affaire : un coussin, le coin arrondi d'une table, un drap entre les jambes, la selle d'un vélo, un oreiller… Généralement, l'objet est suffisamment ferme pour permettre à la femme d'effectuer des mouvements de rotation et de pression qui stimulent son clitoris. Le bassin bouge et les muscles du pubo-coccygien se contractent et se relâchent à une certaine fréquence afin de permettre à la femme d'atteindre l'orgasme.

Il n'y a pas de position fétiche : la position dépend entièrement de l'objet choisi.

Quelques excuses pour le faire...

- C'est jouissif !

- C'est une excellente façon de connaître davantage son corps et ses réactions.

- Si on est célibataire, c'est une manière d'avoir du plaisir de façon tout à fait sécuritaire.

- La détente que procure l'orgasme permet de tomber plus facilement dans le sommeil ; c'est donc un excellent somnifère !

- Cela permet d'entretenir les fantasmes et, par le fait même, de stimuler le désir sexuel.

- Plus les séances de masturbation sont agréables et régulières, plus l'appétit sexuel augmente.

- La masturbation permet de prendre le contrôle et la responsabilité de son propre plaisir sexuel.

- Cette pratique contribue à éviter le dessèchement vaginal et l'atrophie du vagin.

- La masturbation donne la possibilité de vivre le plaisir sexuel uniquement pour le plaisir sexuel – ce que les femmes ont parfois de la difficulté à faire.

- C'est excitant pour le partenaire.

PETIT GUIDE DU SEXE
EN SOLO POUR L'HOMME

*J*l arrive souvent que l'homme se retrouve avec toute la responsabilité de l'épanouissement sexuel du couple, un peu comme s'il était à lui seul garant de tout ce qui se passe au lit : le désir, l'excitation, le plaisir et l'orgasme – les siens et ceux de sa partenaire. Un peu lourd comme mission ! Le fait que l'homme ait la réputation – bien fondée, il faut l'avouer ! – d'être plus sexuel que la femme lui a peut-être joué des tours, lui remettant ainsi dans les mains le devoir d'être toujours actif et de prendre les devants. Même si l'élan tend à changer, nous sommes encore bien loin de la responsabilité partagée et vécue !

La notion de plaisir chez l'homme s'apparente davantage à une grande capacité de se laisser aller à profiter de l'instant qui passe qu'à des instants de folie planifiés ou organisés. Généralement, la façon d'être des hommes les place au rang des « temporels », comparativement à la femme qui est plus « intemporelle ». Cette capacité d'être temporels leur permet de se consacrer ENTIÈREMENT au moment présent en faisant fi des tracas ou des perturbations extérieures (cela dépend évidemment de ce que c'est !), alors que l'intemporalité accable l'esprit de tout ce qui est en suspens, inquiétant, culpabilisant... Vous vous reconnaissez ? La relation homme/femme reflète généralement ces deux concepts fondamentaux ; il s'agit de le savoir pour ensuite apprendre à vivre ce fait de façon harmonieuse !

La plupart des hommes éprouvent une grande facilité à prendre du plaisir, à imaginer, à voir ou à surprendre la partenaire nue ou dans un contexte pouvant se prêter à des jeux sexuels ; tout cela leur procure généralement bien des chatouillements au niveau des organes génitaux…

Petit secret dévoilé

Les hommes sont, en général, très visuels : ils réagissent sexuellement à la vue de certaines parties du corps. Alors, madame, si vous voulez provoquer un émoi chez lui, mettez-lui-en plein la vue ! Offrez-lui le spectacle de votre corps. Et croyez-le quand il vous dit que vous êtes belle !

LES ORGANES GÉNITAUX EXTERNES

Beaucoup plus simple que celui de la femme, mais non moins complexe, l'appareil génital externe masculin se résume *grosso modo* à son pénis et à son scrotum. Ces organes sont apparents

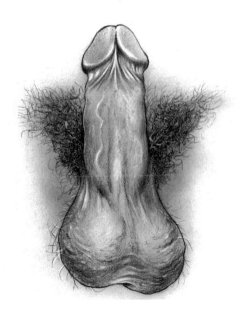

et accessibles. Des stimulations physiques ou psychiques provoquent des effets qui se traduisent par l'extension et la rigi-
dité du membre – beaucoup moins facile à dissimuler comme
réaction comparativement à celle de la femme !

Le pénis

Le pénis se divise en trois parties ; la racine, c'est-à-dire plus
ou moins le tiers de la longueur totale, se prolonge à l'intérieur du bassin et rejoint pratiquement le rectum ; le corps,
ou la partie visible ; le gland, extrémité lisse et sensible. La
couronne, la partie la plus large du gland, est située tout près
du sillon balano-préputial (qui relie le gland et le corps du
pénis). Un petit repli fibreux, nommé « frein du prépuce »,
prend naissance dans le sillon balano-préputial ; il est extrêmement sensible aux touchers et aux stimulations – c'est souvent la raison pour laquelle les hommes éprouvent énormément
de plaisir aux caresses orales : la langue de la partenaire caresse
le frein lors de la stimulation.

Le prépuce

C'est le repli de peau qui recouvre la couronne du gland. Pendant l'érection, il se retire derrière la couronne. C'est ce bout
de peau qui est enlevé lors de la circoncision. Des glandes

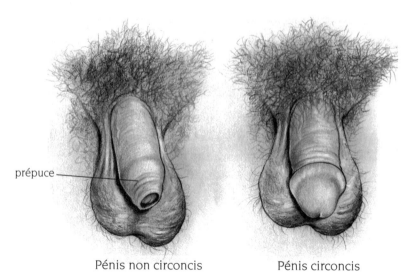

prépuce

Pénis non circoncis   Pénis circoncis

situées sur la face interne et dans le sillon de la couronne sécrètent une substance à texture de fromage à la crème qui dégage une odeur caractéristique ; c'est le smegma. Une bonne hygiène prévient l'accumulation de cette substance. C'est donc la raison pour laquelle il est nécessaire de prendre un grand soin d'abaisser la peau du prépuce afin de bien nettoyer le pénis.

Le scrotum

Divisé en deux sections qui contiennent chacune un testicule, le scrotum est la partie de peau qui recouvre les testicules. Le scrotum est formé de tissus et de fibres musculaires – en se contractant involontairement, celles-ci provoquent les mouvements du scrotum, par exemple sous l'excitation sexuelle, ou les changements de température.

Il n'y a ni muscles ni os à l'intérieur du pénis, il ne peut donc pas être développé par l'entraînement physique. Effectivement, la structure interne du pénis se compose de veines, d'artères et tissus que l'on appelle les corps caverneux et spongieux.

Les corps caverneux

Ces corps composent l'essentiel du pénis ; c'est lorsqu'ils se gorgent de sang que l'érection survient. Ils partent de l'intérieur du bassin et se poursuivent jusqu'à la couronne du gland.

Le corps spongieux

C'est le troisième cylindre qui compose le pénis. Ce corps s'élargit et forme, à l'extrémité interne, le bulbe du pénis (près de l'anus sous la prostate) ; il se prolonge à l'extérieur pour constituer le gland. L'urètre traverse d'un bout à l'autre le corps spongieux et se termine par le méat urinaire ; c'est par ce conduit que sont expulsés sperme et urine.

Comme je le mentionnais, la structure interne du pénis ne contient pas de muscles ; toutefois, les muscles ischio-caverneux, situés à l'intérieur du bassin, entourent le bulbe du corps spongieux. Ils sont responsables de la contraction qui provoque l'expulsion des liquides corporels. En apprenant à bien contrôler ces muscles, l'homme connaît une meilleure érection, ce qui lui permet d'obtenir une plus grande maîtrise de son éjaculation.

À l'état de flaccidité, la plupart des pénis mesurent entre 7,5 cm et 10,2 cm ; quant au diamètre, il fait généralement environ 3 cm. Lors de l'érection, la longueur du pénis peut varier entre 12 cm et 17 cm, et son diamètre peut atteindre 4 cm. Évidemment, ces chiffres représentent une moyenne et ne déterminent surtout pas une « normalité » ! En fait, je vous les fournis à titre indicatif seulement : un pénis plus court ou plus long n'est pas considéré comme anormal.

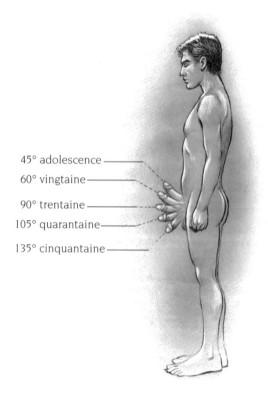

45° adolescence
60° vingtaine
90° trentaine
105° quarantaine
135° cinquantaine

L'angle de l'érection varie d'un homme à l'autre, notamment en fonction de l'âge et de la santé. La figure ci-dessus offre quelques indications.

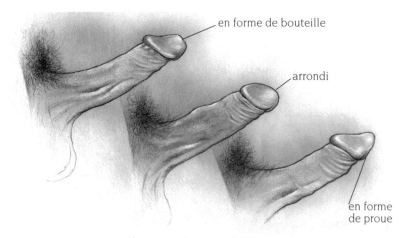

en forme de bouteille

arrondi

en forme
de proue

Différentes formes de pénis

Il arrive aussi que le pénis prenne une courbe ; cela a généralement un lien avec l'espace qu'occupent les testicules.

Habituellement, l'érection est provoquée par l'excitation sexuelle, mais il arrive aussi qu'elle survienne lors d'une phase du sommeil (sommeil paradoxal) ou qu'elle soit provoquée par une vessie trop pleine qui exerce des pressions sur la prostate et les vésicules séminales.

LES ORGANES GÉNITAUX INTERNES

Les organes internes sont : les testicules, le canal déférent, les vésicules séminales, la prostate, les glandes de Cowper et l'urètre. Ces organes ont la fonction de produire et d'entreposer les spermatozoïdes afin qu'ils soient éventuellement expulsés du corps pour la reproduction.

Les testicules

De forme ovale, les deux testicules mesurent environ 5 cm de longueur, 3 cm de largeur et un peu plus de 2 cm d'épaisseur. Habituellement, le testicule gauche descend un peu plus bas que le droit. À l'intérieur, on trouve l'épididyme, les tubes séminifères et des cellules interstitielles, qui produisent les spermatozoïdes et sécrètent les hormones sexuelles (hormones androgènes dont la testostérone).

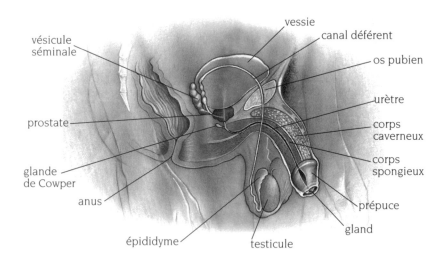

vessie
canal déférent
vésicule
séminale
os pubien
urètre
prostate
corps
caverneux
corps
spongieux
glande
de Cowper
prépuce
anus
gland
épididyme
testicule

Le canal déférent

Il y a deux canaux déférents, un pour chaque testicule. Ils constituent le prolongement de l'épididyme et conduisent les spermatozoïdes jusqu'aux canaux éjaculateurs, situés dans la
prostate. Ils mesurent environ 40 cm de long ; ils partent du
sac scrotal et remontent vers le bassin en contournant la vessie, puis forment chacun un réservoir – ampoule déférente où
s'accumulent les spermatozoïdes. Les canaux déférents se
joignent aux vésicules séminales pour former les canaux éjaculateurs en entrant dans la prostate. À partir de là, ils forment
un seul conduit : l'urètre. C'est une partie des canaux déférents que l'on sectionne lors de la vasectomie.

Les vésicules séminales

Ce sont des glandes creuses, de forme allongée, qui se gref-
fent sur chacun des canaux déférents avant que ceux-ci entrent
dans la prostate. Elles produisent un liquide visqueux et jau-
nâtre qui permet aux spermatozoïdes de s'agiter (motilité).
Ce liquide compose environ 15 % du volume total du sperme.

La prostate

Elle se situe au-dessous de la vessie, est traversée par l'urètre et mesure environ 3 cm de diamètre. C'est une glande, et non pas un organe. Elle sécrète une substance visqueuse, blanchâtre et relativement épaisse, qui circule grâce à de petites ouvertures le long de canaux éjaculateurs. Ce liquide forme, avec les spermatozoïdes et le liquide des glandes séminales, le sperme. La prostate tend à grossir avec l'âge et il arrive parfois qu'elle s'hypertrophie, ce qui rend la miction difficile. C'est une glande très sensible qui peut procurer des orgasmes aux hommes et provoquer, par la même occasion, une éjaculation baveuse (le liquide s'écoule plutôt que de sortir en jet).

L'urètre

L'urètre mesure entre 18 cm et 20 cm ; elle part de la vessie puis s'étend jusqu'à l'extrémité du pénis. C'est le conduit de l'urine et du sperme. Ces liquides ne peuvent s'expulser en même temps : un sphincter – valve – s'ouvre pour laisser l'urine s'écouler et se referme lors de l'érection pour permettre l'éjaculation.

Les glandes de Cowper

Situées juste au-dessous de la prostate, ces glandes – reliées à l'urètre par un canal très mince – sécrètent un liquide visqueux et incolore qui sert à lubrifier l'urètre et à neutraliser son acidité afin de faciliter le passage du sperme. Cette sécrétion arrive très tôt au début de l'érection et sort par le méat urinaire. Il arrive parfois que quelques spermatozoïdes se glissent dans ce liquide, c'est la raison pour laquelle il y a possibilité de grossesse, même lors d'un coït interrompu.

QUELQUES FAÇONS D'AVOIR DU PLAISIR...

Une pratique fort répandue

La plupart des hommes s'adonnent à l'autoérotisme sans culpabilité, au contraire des femmes, qui se sentent souvent coupables en pareilles circonstances. De fait, du côté masculin, cette pratique est tout à fait naturelle ; pour près de 90 % des adolescents, elle constitue une bonne méthode d'apprentissage à l'érotisme.

De façon générale, les hommes arrivent très bien à faire la différence entre les plaisirs solitaires et l'amour pour leur partenaire. La masturbation leur est agréable en raison de la jouissance et du soulagement de tension sexuelle qu'elle leur procure, alors que les rapports sexuels avec leur partenaire leur apportent une foule d'autres sensations. Les raisons évoquées pour se masturber sont aussi variées que personnelles, mais la plupart ne le font que pour le plaisir. Certains hommes se masturbent souvent (c'est-à-dire plusieurs fois par semaine), tandis que d'autres n'éprouvent que très peu le besoin de se caresser ainsi.

La masturbation au masculin est une bonne façon de connaître et d'apprivoiser des sensations corporelles excitantes pour, peut-être, les partager ensuite.

Bien souvent, la masturbation adolescente se fait dans un contexte où le jeune n'a pas beaucoup d'intimité et où il apprend à se caresser de manière à se conduire rapidement à l'orgasme. Il arrive parfois que ces mauvaises habitudes de rapidité se répercutent dans la vie sexuelle de l'homme en couple ; l'éjaculation rapide peut alors devenir un obstacle et miner le moral de l'homme et de sa partenaire. Il est donc très important de faire de la masturbation une alliée et non une source d'élimination rapide des tensions sexuelles.

Comme pour la femme, il est intéressant pour l'homme de varier les façons de se masturber. La masturbation peut se faire suivant certaines séquences – pour apprendre à ralentir la cadence afin de freiner l'éjaculation rapide ou pour expérimenter différentes sensations.

Petit secret dévoilé

Un homme pense à la sexualité et à tout ce qui s'y rattache, de près ou de loin, en moyenne toutes les sept minutes !

Bien des gens croient, à tort, qu'il n'existe qu'une seule façon pour un homme de se donner du plaisir sexuel en solitaire. Détrompez-vous ! J'ai fait plusieurs interviews et voici les préférences masculines en matière de masturbation :

1re technique de masturbation : la main pleine

La position favorite pour exercer cette technique est la suivante : l'homme est allongé sur le dos, les jambes légèrement écartées – un peu comme la position cavalière lors des relations sexuelles où la femme le chevauche. Cette position lui permet de se toucher les testicules ou le bout des seins de son autre main s'il le désire, et ce, en même temps qu'il caresse son pénis. Il referme sa main entière sur son pénis et concentre généralement son frottement sur la partie supérieure de celui-ci, c'est-à-dire son gland.

Le gland ainsi que le frein du prépuce sont les parties les plus sensibles à ce genre de toucher. Ici, la pression et le rythme sont très importants : ensemble, ils déterminent l'augmentation de l'excitation sexuelle et garantissent une érection bien ferme.

Dans cette position et avec une cadence bien rythmée, plusieurs hommes ne tardent pas à éjaculer. D'autres ralentissent

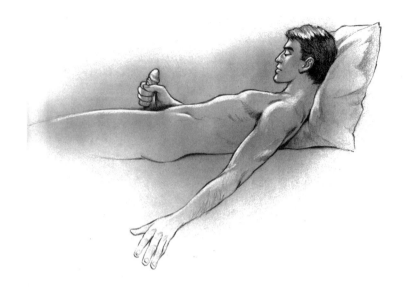

le rythme et diminuent l'intensité des caresses pour prolonger le plaisir ; sans relâcher complètement leurs caresses génitales, ils se concentrent sur d'autres parties de leur corps. La respiration redevient régulière, pour reprendre de plus belle à mesure que le rythme des mouvements de va-et-vient s'accentue.

Pour un homme qui a tendance à éjaculer rapidement, ce plaisir peut devenir un bon exercice lui permettant de connaître les signes que lui envoie son corps. De fait, il peut alors apprendre à percevoir le point de non-retour et pourra, de cette façon, tenter de le repousser un peu plus chaque fois. Cela demande du temps, de la patience et, surtout, plusieurs séances d'entraînement !

Contrairement à ce que bien des gens croient, très peu d'hommes se servent régulièrement de matériel pornographique (revues, films ou autres) pour s'autostimuler sexuellement. Ils n'y auraient recours qu'en de rares moments d'intimité extrême. La plupart du temps, ils puisent dans leur imagination des séquences pouvant les conduire à l'excitation, voire à l'orgasme. Contrairement aux femmes, qui utilisent généralement les mêmes fantasmes pour les conduire à l'orgasme, les hommes, eux, varient beaucoup leur répertoire érotique imaginaire.

2ᵉ technique : sous la douche

La puissance de l'eau est incomparable ! Plusieurs hommes apprécient la chaleur et la douceur de l'eau qui coule sur leurs organes génitaux. De façon générale, ils se stimulent debout et se masturbent à l'aide de la mousse en se savonnant vigou-reusement les parties génitales. La mousse du savon permet à l'homme d'effectuer facilement des mouvements et de lui procurer des sensations intenses qui se rapprochent de celles éprouvées lors de la pénétration.

D'autres hommes aiment s'allonger dans le bain afin de caresser leur sexe. Ils procèdent sensiblement de la même façon, en laissant leur pénis dans l'eau ou en soulevant leur bassin pour sortir légèrement leur verge. Des pensées et des fantaisies sexuelles accompagnent leurs caresses. Le temps de réaction, c'est-à-dire le moment requis pour atteindre la jouissance, peut être un peu plus long lorsque le pénis est complètement submergé dans l'eau. Cela s'explique par le fait que les mouvements sont quelque peu ralentis par la pression de l'eau. En somme, c'est un excellent exercice pour apprendre à contrôler son éjaculation !

À noter que le savon peut devenir irritant à la longue ; il est donc préférable d'utiliser des produits plus doux, comme un shampoing ou un gel de bain non parfumé.

3ᵉ technique : la prise du comptoir

Appellation qui trouve tout son sens dans le fait qu'en se mas-turbant debout, l'homme prend appui sur un coin de comptoir de la salle de bain et effectue des mouvements de va-et-vient en pressant son périnée afin de stimuler indirectement sa pros-tate. Pour bien maîtriser la technique, il est important que la hauteur du comptoir soit adéquate (c'est-à-dire qu'elle pro-cure du confort), puisque l'homme y appliquera une certaine pression pour stimuler son point P (prostate).

De façon générale, l'une des mains caresse la couronne du gland en effectuant des mouvements rapides de va-et-vient et l'autre peut stimuler les testicules. Il arrive aussi que l'homme bouge son bassin lentement par petits mouvements circulaires, en appuyant toujours son périnée sur la surface du comptoir afin de bien exciter la prostate. Si l'orgasme survient à cet instant, il est possible que le liquide de l'éjaculation se fasse sous forme d'écoulements plutôt qu'en jets ; c'est ce que l'on appelle une éjaculation baveuse. Cela est tout à fait normal et découle d'une stimulation prostatique. Le liquide produit par la prostate est consistant et visqueux ; lorsqu'elle est stimulée, il sort en plus grande quantité, tout simplement.

Les endroits munis de surface pour prendre appui sont nombreux... selon l'imagination de l'homme qui exécute la technique. Il est toutefois très important de faire attention pour ne pas se blesser en utilisant des surfaces pointues ou contondantes. Par mesure de prudence, certains hommes se servent d'objets, par exemple un vibrateur, pour effectuer une pression sur leur prostate en passant par leur périnée ; d'autres utilisent leur poing ou leurs doigts.

4ᵉ technique : le sandwich

Que ce soit entre deux oreillers ou deux coussins, les hommes qui pratiquent cette technique utilisent des objets pour leur servir de réceptacle, un peu comme s'ils faisaient l'amour. Ils effectuent des mouvements de va-et-vient entre les oreillers ; leurs mains servent uniquement à tenir les oreillers en place. Quelques hommes atteignent l'orgasme de cette façon, mais la plupart s'en servent afin de s'exciter et poursuivent les caresses pour se conduire à l'orgasme en prenant leur pénis dans une main, selon la technique de la main pleine.

Que dire des objets...

Certains hommes aiment employer des objets vendus dans les boutiques érotiques et spécialement conçus pour la masturbation masculine. Ces objets peuvent être intéressants tant et aussi longtemps que l'homme n'en crée pas une obligation ou qu'il n'a pas la sensation de vivre une dépendance vis-à-vis de ces instruments. Certains les utilisent en combinaison avec un lubrifiant afin de faciliter le glissement du mouvement.

Bien sûr, les lubrifiants peuvent agrémenter les moments de plaisir solitaire, quelle que soit la technique !

Petit secret dévoilé

Lors d'une séance de masturbation, si vous choisissez de stimuler votre prostate en passant directement par le rectum, utilisez des objets spécialement conçus pour la pénétration anale. En effet, les muscles anaux, qui sont très puissants, tendent à ne pas rendre ce qui est inséré ; autrement dit, si vous introduisez un objet qui ne possède pas de cran d'arrêt, vous risquez de ne plus le revoir...

PLAISIRS SOLITAIRES... À DEUX !

*L*a masturbation dans le couple est loin de faire l'unanimité. Peut-être êtes-vous de ceux et de celles qui se sentent intimidés par le fait que votre partenaire vous regarde, sans participer, à vos moments de plaisir solitaire. Peut-être aussi faites-vous partie des gens pour qui la situation est on ne peut plus aphrodisiaque !

Chose certaine, en matière de masturbation en présence de son ou sa partenaire, il est essentiel que le couple se respecte et n'aille pas au-delà des limites fixées par l'un ou l'autre. Il est toujours possible de vivre des expériences pour braver sa gêne, mais rien ne sert de faire des choses contre son gré : on n'en retire tout simplement pas de plaisir.

Le partage d'une expérience si intime peut devenir fort intéressant pour un couple à la recherche de sensations différentes. Pour connaître un orgasme en présence de l'autre sans que celui-ci ou celle-ci soit physiquement actif, il faut une très grande capacité d'abandon et de confiance en soi ; il arrive souvent d'ailleurs que les hommes se sentent à l'aise dans cette situation, alors que bien des femmes éprouvent un grand malaise. La décision finale revient exclusivement aux couples et rien ni personne ne devrait faire entrave à ce choix.

Ces désirs si divergents

La sexualité se vit trop souvent sous le signe de la gravité. « Le sexe, c'est quelque chose de sérieux, et même de grave », pensent certains. C'est avec des croyances comme celles-là que la plupart des gens développent une certaine culpabilité à se laisser aller ou qu'ils deviennent anxieux vis-à-vis de leur performance. Plus souvent qu'autrement, le rire et l'humour ont peu (ou pas) de place dans la relation sexuelle. La conséquence à long terme : le désir sexuel peut « peser » par son absence.

Petit secret dévoilé

Lors d'un atelier-conférence sur le désir sexuel, un homme m'a dit : « Le désir sexuel des femmes sèche plus vite que le sperme... »

DEUX MONDES...

D e tous les états physiques, émotifs ou mentaux, le désir sexuel de la femme est certainement celui qui est le plus vaporeux d'entre tous. Pour bien des gens – hommes et femmes –, il demeure un grand mystère. Parfois il y est, parfois il n'y est pas. Le désir sexuel est un état d'être pour l'homme et une recherche pour la femme. La très grande majorité des femmes éprouvent en effet de la difficulté à faire naître, à entretenir et à garder cet état d'excitation sexuelle, qui leur donnera envie de faire l'amour avec leur partenaire aussi souvent que lui.

Le scénario le plus commun ressemble à ce que vivent Nancy et Alexandre. Elle a 36 ans et il en a 39. Ils sont ensemble depuis près de 17 ans et ont deux jeunes enfants âgés de quatre et sept ans. Leur vie est active et trépidante. Mais, selon Alexandre, on ne peut en dire autant de leur sexualité. Ils ont accepté de partager avec nous une tranche de leur vie...

Alexandre : « *Notre vie à deux me procure beaucoup de plaisir et la chance de m'épanouir, surtout depuis la venue des filles. Nous formons maintenant une famille, et je les aime toutes beaucoup. Toutefois, petit à petit, les problèmes entre Nancy et moi ont pris davantage de place, au point où j'ai commencé à être inquiet. Je ne la sentais plus présente et je l'entendais souvent dire qu'elle était fatiguée. Son manque d'entrain pour nos rapports intimes m'indiquait qu'il y avait quelque chose qui ne marchait pas. J'avais depuis toujours la responsabilité de faire des pas vers elle pour qu'on ait une relation sexuelle, mais ses refus se multipliaient. Un jour, j'ai décidé de ne plus « l'achaler » avec ça et j'ai pris du recul. Je ne faisais* *plus de pas, je ne prenais plus l'initiative. On a passé cinq mois et demi sans faire l'amour. J'en ai souffert énormément et je lui ai demandé d'aller consulter. Je sentais qu'on coulait. Non seulement avait-elle souvent refusé de faire l'amour au cours des dernières années, mais maintenant que je la laissais tranquille, elle ne venait pas vers moi. J'ai tout de suite pensé qu'elle avait un amant, qu'elle ne m'aimait plus. J'avais besoin de ce rapprochement intime et elle semblait complètement à l'aise de s'en passer. Je ne comprenais rien à rien. »*

Nancy : « *J'avais beau le dire à Alex que ce n'était pas parce que j'avais un amant ou parce que je ne l'aimais pas que je n'avais pas envie de faire l'amour, il ne comprenait pas. Je n'avais pas envie, point ! Pas plus avec un autre qu'avec lui. En fait, moi non plus je ne comprenais pas vraiment ce qui m'arrivait. J'ai longtemps fait l'amour pour lui faire plaisir. C'est sûr que ce n'était pas " difficile " chaque fois, mais au moins deux fois sur trois, je le faisais uniquement pour lui, pour qu'il ne se sente pas délaissé et parce que je commençais à me sentir très coupable de toujours lui dire non. C'était très difficile et je ne savais pas pourquoi on en était rendu là. La communication dans ces moments-là n'est vraiment pas chose facile. Nos émotions prennent le dessus : je pleurais, il se fâchait – pas contre moi, mais contre la situation. On tournait en rond. L'idée d'aller consulter est venue de lui, je l'avoue. C'est la meilleure décision qu'on ait prise et le plus beau cadeau qu'on se soit fait. Je l'aime et je veux réapprendre mon désir pour lui.* »

Les écarts d'intérêts pour la sexualité arrivent malheureusement parfois à dissoudre lentement l'union du couple. Le manque d'intimité s'agrandit ainsi que l'espace qui se crée entre les deux conjoints, permettant alors que s'ingèrent des éléments – ou des individus – qui, à la longue, sépareront définitivement le couple.

Mais rassurez-vous : malgré ces grandes différences, il est possible que les deux planètes se rencontrent régulièrement pour partager ce qu'elles ont de plus différent : elles-mêmes !

Rien, en matière de sexualité, ne vaut mieux que l'entretien et la prévention. Le désir sexuel étant ce qu'il est, c'est-à-dire très différent d'une personne à l'autre et d'un sexe à l'autre, il faut prendre les mesures qui s'imposent pour comprendre la situation et y remédier.

Petit secret dévoilé

Le désir sexuel est un état d'être pour l'homme et une recherche pour la femme.

De toute évidence, le désir sexuel a comme point d'ancrage la testostérone. Depuis longtemps, on sait que l'hormone du désir est la testostérone, une hormone mâle que l'on trouve, naturellement, en plus grande quantité chez l'homme que chez la femme. Il ne faudrait toutefois pas commettre l'erreur de réduire le désir sexuel strictement à une question d'hormone, bien qu'il soit important de reconnaître sa grande influence sur la libido. Des facteurs physiques, notamment des organes génitaux apparents et qui réagissent facilement et rapidement aux stimuli, permettent aussi une accessibilité plus grande et favorisent la conscientisation du désir sexuel. De façon générale, ces érections sont associées à une envie de masturbation ; des fantasmes peuvent se greffer à une situation particulière, remettant ainsi la roue en marche. La masturbation serait un facteur facilitant le désir sexuel ; il est reconnu – chez les humains (et même chez les primates) – que les hommes s'adonnent davantage à ce comportement que les femmes.

De plus, lors des relations sexuelles, une plus grande proportion de femmes n'atteignent pas l'orgasme à tout coup (parfois même rarement ou pas du tout), ce qui dénude parfois l'expérience sexuelle de tout son sens. Ici encore, il est important de faire attention de ne pas établir de corrélation exclusive entre les orgasmes et le désir sexuel de la femme.

Car ce désir déborde bien souvent au-delà de l'expérience génitale proprement dite.

Pour les femmes, l'intimité sexuelle est généralement le reflet de la relation de couple. Elles n'arrivent donc à y insérer la sexualité que si la relation globale est épanouissante et qu'elle leur permet de se sentir bien et en confiance. Bien sûr, il y a des différences de l'une à l'autre ; par exemple, certaines ont besoin d'un homme qui les désire fortement et qui exprime régulièrement ce désir, alors que d'autres percevront ces avances comme une pression les incitant à faire l'amour plus souvent qu'elles ne le désirent.

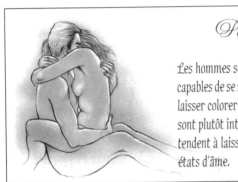

Petit secret dévoilé

Les hommes sont plutôt temporels – c'est-à-dire capables de se séparer des événements et de ne pas les laisser colorer leur sexualité, alors que les femmes sont plutôt intemporelles – c'est-à-dire qu'elles tendent à laisser les événements influencer leurs états d'âme.

De plus, les rôles sexuels n'étant plus très bien définis, il arrive que les couples se sentent un peu perdus dans ce renouveau, qui demande une redéfinition des rôles. Voici les commentaires émouvants d'un homme de 57 ans à l'une de mes conférences portant sur les effets pervers du stress sur la sexualité.

Michael : « *Vous savez, Julie, que le monde est à l'envers. Autrefois, un homme ne se posait pas toutes ces questions. Il était de son devoir de prendre soin de son épouse et de ses enfants. Il était celui sur qui la famille pouvait se reposer. Sa conjointe était pour lui l'être le plus cher au monde, avec ses enfants et sa mère. On ouvrait les portières des voitures, les portes des magasins, on accompagnait fièrement notre épouse dans des soupers chic. La fierté d'un homme était de rendre sa femme heureuse. Maintenant, les femmes prennent beaucoup de place, c'est correct comme ça,* *mais on dirait que tout un chacun ne sait plus où est sa place. Au lit, on n'en parle même pas ! Si les gens sont mêlés comme ça dans la vie, pouvez-vous vous imaginer ce que ça doit être dans leur chambre à coucher ! Je pense qu'un homme restera toujours un homme et qu'une femme restera toujours une femme. Ils sont égaux aux yeux du bon Dieu, mais dans la vie, il faut reconnaître nos propres limites. Cela ne veut pas dire que l'un a le droit d'avoir du pouvoir sur l'autre, non ! Mais que les hommes se comportent en hommes et que les femmes soient pleinement femmes, et le monde se portera mieux, croyez-moi ! »*

Ces paroles reflètent très bien ce que la société nous renvoie comme image : nous devons nous battre pour faire notre place. Et si nous cessions de nous battre pour simplement VIVRE… Si nous pouvions nous donner la chance d'être authentiques – fragiles par moments et forts en d'autres occasions – sans que cela se retourne contre nous…

Les rôles peuvent être enfermants, mais ils sont aussi très rassurants. Il suffit simplement de trouver un équilibre dans tout cela. Bien des hommes aiment qu'une femme se sente parfois fragile ou vulnérable, car en chaque homme, il y a un chevalier, un conquérant ! Et en chaque femme se cache une gazelle – belle, fragile, mais aussi très agile et loin d'être naïve. Et si on laissait la nature reprendre son cours… Cela n'empêchera pas les hommes de prendre des initiatives et les femmes de prendre la responsabilité de leur propre désir sexuel…

STRATÉGIE POUR LA FEMME :
PROGRAMME PROGRESSIF
DE RÉAPPRIVOISEMENT SEXUEL

*V*oici quelques petits trucs, sans prétention, qui vous permettront sans doute de reprendre, en bonne partie du moins, le contrôle de votre vie sexuelle.

Votre désir sexuel doit partir de ce que vous êtes au plus profond de vous-même et ne pas dépendre des éléments extérieurs, qui sont trop changeants ou perturbants pour vous assurer un désir sexuel permanent. Le « déclic » doit donc se faire en vous et non par quelqu'un ou quelque chose. Bien sûr, ce quelqu'un ou ce quelque chose pourra agrémenter ou même stimuler ce qui sera déjà présent à l'intérieur de vous.

Les exercices suivants s'adressent donc aussi bien aux femmes en couple qu'à celles qui sont seules. Pour la plupart des femmes, l'entrée en matière, c'est-à-dire « partir à la découverte de soi », se fait de façon plus ou moins naturelle. Ces exercices vous aideront à découvrir votre corps, à l'apprivoiser, à reconnaître ce qui lui fait du bien et à lui faire plaisir sensuellement et sexuellement. Voici les éléments clés.

FAITES-LE POUR VOUS D'ABORD

Il est essentiel que vous partiez à la découverte de votre sexualité et que vous développiez votre intérêt sexuel pour vous-même d'abord. Ne plongez pas dans cette expérience uniquement pour faire plaisir à votre partenaire ou pour vous sentir « normale » aux yeux de la société. Ce corps vous appartient, il régit des comportements et engendre des émotions qui vous sont propres ; bref, vous devez être la seule capitaine à bord. Dites-vous : « Je le fais pour moi ! » Cette aventure vous permettra de découvrir vos limites et de repousser celles qui ne vous plaisent pas.

AMÉLIOREZ VOTRE VIE

La sexualité existe depuis que le monde est monde, mais les façons de la vivre ont beaucoup évolué. On a toujours considéré comme « normal » le fait qu'un homme désire et qu'il manifeste ouvertement ce désir. En règle générale, on s'attend à ce qu'il prenne des initiatives en matière de sexualité et qu'il ait le rôle actif.

Afin de regagner confiance en vous, il est essentiel que vous vous permettiez les mêmes choses. Le fait de dépendre de son désir à lui vous place dans une situation néfaste, dans laquelle votre propre désir ne peut naître. Dites-vous : « Je m'aime suffisamment pour avoir envie d'une sexualité épanouie ! »

ACCORDEZ-VOUS DU PLAISIR

L'exploration de votre corps prendra une tout autre couleur si vous vous y adonnez avec enthousiasme, curiosité et plaisir. Accordez-vous suffisamment de temps pour vous gâter, vous sentir belle et avoir du plaisir dans vos moments d'intimité avec vous-même. Dites-vous : « J'ai envie de découvrir ma sensualité ! »

DONNEZ-VOUS LA PRIORITÉ

Fixez-vous des rendez-vous avec… vous-même ! Même si votre horaire est chargé, accordez-vous des moments agréables pour partir « en exploration ». Dites-vous : « J'ai envie de prendre du temps pour moi ! »

ÉVITEZ DE VOUS CRITIQUER

Les filles, nous sommes des championnes de l'autocritique ! Tentez donc de vous regarder avec des yeux aimants et non avec des yeux qui jugent. Il est normal que le processus soit long et lent. Les messages négatifs enregistrés tout au long de votre vie ne sont guère aidants pour la cause ! Ne cherchez pas à vous comparer aux moyennes, tentez plutôt de vous affranchir de sentiments négatifs comme la honte et la culpabilité. Dites-vous : « J'y arriverai à mon rythme ! »

NE VOUS DÉCOURAGEZ PAS

Le découragement arrive malheureusement trop rapidement. Il jette un couvercle sur vos essais et vous entraîne dans une remise en question ; tout cela est néfaste. Tentez plutôt de vous encourager et de persévérer votre exploration, au moins pendant quelques minutes chaque fois. Prenez de bonnes respirations et poursuivez. Vous verrez, la persévérance est très payante ! Dites-vous : « C'est normal que je trouve ça difficile. Je continue et je prendrai le temps qu'il faut pour moi ! »

PARTEZ À VOTRE DÉCOUVERTE

L'exploration et la découverte de votre plaisir se dérouleront très bien si elles sont accompagnées de pensées positives et de notes d'encouragement. Alors, fixez-vous des objectifs – réalisables, bien sûr ! Soyez fière de vous si vous les avez atteints et encouragez-vous si vous n'y êtes pas parvenue complètement. Patience et longueur de temps… Votre ouverture par rapport à votre propre sexualité se fera graduellement ; à travers ce processus, vous apprendrez – indirectement – à vous abandonner, à vous laisser aller, ce qui facilitera éventuellement la montée d'orgasmes puissants.

Petit secret dévoilé

Sexuellement, les hommes ont avantage à se **contrôler** pour mieux jouir ; les femmes, elles, ont avantage à se **laisser aller** pour mieux jouir. . .

PASSEZ À L'ACTION

L'exploration de votre corps pour y découvrir vos zones érogènes devra se faire dans une ambiance tranquille et dépourvue de toutes sources de stress. Voici la marche à suivre. D'abord, mobilisez des périodes de 5 à 10 minutes deux fois par semaine. Il est inutile de prendre plus de temps au début ; mieux vaut y aller graduellement afin d'éviter une fermeture étroite de votre coquille, car les choses menaçantes tendent à envahir l'esprit rapidement !

Entre vos périodes d'exploration, exercez votre muscle pubo-coccygien (muscle PC). Vous le localiserez en retenant votre jet d'urine au moment d'aller à la toilette. Une fois que vous l'avez trouvé, entraînez-le en le contractant en dehors des moments où vous urinez. Faites des exercices de contractions/relâchements ; il suffit de 3 séquences de 10 contractions/relâchements par jour pour entretenir la tonicité de ce muscle. Il constitue le plancher pelvien (reliant le pubis et le coccyx) et travaille lors de l'orgasme ; c'est donc un muscle essentiel pour toute femme désireuse de vivre des orgasmes.

Amusez-vous à détendre votre région pelvienne par des mouvements de balancier et de rotation. Pour ce faire, pliez légèrement vos jambes et placez vos mains sur votre taille. Ensuite, poussez votre bassin vers l'avant, puis vers l'arrière (en position debout, c'est plus facile), tout en gardant le reste de votre corps immobile. Ajoutez des mouvements de rotation – avant, côté gauche, arrière, côté droit ; faites ces mouvements comme si vous dansiez. Répété quelques fois par semaine, cet exercice vous aidera à prendre conscience de ce corps sexuel que vous habitez.

EXPLOREZ ENCORE...

Voici un exercice pour apprendre à connaître votre corps. Allez-y graduellement, faites de chaque étape l'objet d'une séance entière ou même de plusieurs séances si vous en avez le goût :

1. D'abord, observez votre corps devant le miroir au sortir du bain ou de la douche, sans vous toucher. Contentez-vous de regarder votre corps et de l'apprivoiser.

2. Quelques jours plus tard, toujours devant le miroir, appliquez une crème pour le corps sur chacune des parties de votre anatomie – à l'exception de votre vulve, bien sûr.

3. Quelques semaines après le début de votre exploration, installez-vous sur votre lit avec un petit miroir à portée de main. Observez et notez mentalement ce que vous voyez. Ne vous touchez pas.

4. Maintenant, touchez votre région vulvaire du bout des doigts.

5. Lors de cette cinquième étape, tentez de découvrir ce qui vous fait plaisir en matière de caresses clitoridiennes. Peut-être le savez-vous déjà ?

6. Poursuivez votre exploration et tentez de découvrir de nouvelles sensations. Cette étape vous conduira vers l'orgasme (ou à la recherche de celui-ci).

STRATÉGIE POUR L'HOMME : CONTRÔLER L'EXCITATION SEXUELLE POUR MIEUX JOUIR

*L*es petits trucs qui suivent vous permettront d'apprendre à contrôler vos sensations d'excitation sexuelle afin de connaître une meilleure jouissance et de ne pas vous sentir à la merci de cette éjaculation qui n'arrive pas toujours quand on le souhaite…

Bien des hommes sont en effet insatisfaits de leur capacité à contrôler le moment de leur éjaculation ; certains se questionnent même face à la « normalité » d'un temps idéal déterminé. Il est important de savoir que ce ne sont pas toutes les femmes qui apprécient les longs rapports sexuels : certaines se plaignent s'ils sont interminables ! La relation se faisant à deux, il est naturel de s'assurer que ces moments sont agréables pour les deux partenaires. Toutefois, un peu de retenue vous aidera à prolonger les instants d'intimité sensuelle et vous

Petit secret dévoilé

L'érection dure en moyenne huit minutes lors d'une relation sexuelle.

permettra de ne pas ressentir à tout prix cette urgence d'éjaculer.

Les habitudes de vie amènent souvent les hommes à éprouver de la difficulté à contrôler leur réflexe éjaculatoire : des relations sexuelles peu fréquentes par rapport à la libido, la difficulté à observer ses propres sensations et à percevoir le moment du point de non-retour, l'incapacité à moduler son niveau d'excitation... tous ces éléments, et plus encore, ne permettent pas à l'homme de consacrer le temps requis pour apprendre à contrôler son excitation.

Effectivement, l'excitation est souvent associée à une urgence, l'urgence de se libérer rapidement de toute tension sexuelle. Résultat : l'éjaculation rapide. Le cercle tend à se poursuivre tant et aussi longtemps que vous n'y mettez pas un frein : l'excitation monte et vous anticipez le moment de l'orgasme ; plus vous anticipez cet orgasme et plus vous vous contractez, plus vous êtes contracté et plus vous accélérez le processus sympathique (système nerveux) de l'éjaculation. En bout de ligne, l'éjaculation survient avant même que vous vous en aperceviez.

Il n'est pas nécessaire d'éjaculer avant la pénétration pour apprendre à mieux contrôler son éjaculation. Un grand nombre d'hommes ressentent, à divers degrés, une urgence à éjaculer ; c'est la raison pour laquelle les exercices qui suivent s'adressent au public masculin en général. Voici les éléments clés.

APPRENEZ À CONTRÔLER VOTRE ÉJACULATION POUR VOUS D'ABORD...

Combien d'hommes prennent, à tort, la responsabilité de la jouissance de leur partenaire ? Une grande quantité, sinon la majorité ! Il est essentiel de commencer par vous défaire de cette obligation. Votre érection vous démontre une envie et c'est à travers elle que vous éprouverez du plaisir, mais seulement lorsque vous en aurez décidé le moment. Il ne faut pas prolonger ce moment simplement pour le prolonger.

En fait, le mot prolongation n'aura pas sa place lorsque vous vous sentirez en plein contrôle, car vous vivrez la relation sexuelle, vous ne la ressentirez pas comme une performance à accomplir. Dites-vous : « Je le fais pour moi, pour apprendre à mieux me connaître sexuellement ! »

Apprenez à bien respirer

Aussi étrange que cela puisse paraître, votre respiration vous permettra d'accomplir bien des choses. C'est à travers elle que vous arriverez à ralentir le rythme de votre excitation sexuelle. Il est donc essentiel que vous appreniez à bien inspirer et à bien expirer par le nez. Dites-vous : « Respire par le nez ! »

Détendez vos muscles pelviens

Tout comme la femme, votre muscle pubo-coccygien joue un rôle très important dans vos orgasmes. Le fait d'apprendre à le contrôler pour lui donner plus de tonicité vous permettra de mieux maîtriser vos éjaculations. Identifiez-le en retenant votre jet d'urine lorsque vous allez à la toilette. Ensuite, entraînez-le par des exercices de contractions/relâchements à des moments autres que lorsque vous urinez ; 3 séquences de 10 contractions/relâchements par jour suffiront pour tonifier ce muscle.

Faites des mouvements de balancier et de rotation en pliant légèrement vos jambes et en plaçant vos mains sur votre taille. Ces mouvements détendront votre région pelvienne ; la souplesse qui en découlera vous permettra de prendre conscience que vous devez être détendu pour éviter l'éjaculation rapide.

Découvrez de nouvelles sensations

Étendez-vous sur le dos et placez une main sur votre poitrine et l'autre sur votre ventre. Prenez de bonnes inspirations et expirez par le nez. Lorsque la respiration se fait profonde et régulière, prenez un peu de lubrifiant dans vos mains et touchez l'intérieur de vos cuisses. Prolongez vos touchers à vos fesses, puis caressez votre ventre, vos testicules et votre pénis.

Ne cherchez pas tout de suite à faire des mouvements de va-et-vient. Ne vous laissez pas distraire et chassez toutes pensées pouvant nuire à l'exercice. Prenez conscience des sensations que vous éprouvez en vous touchant – sur les parties touchées ainsi que dans vos mains. Gardez vos muscles détendus – spécialement ceux de la région pelvienne.

Prêtez une attention particulière à la texture et à la chaleur de votre peau, à la courbure de votre pénis. Entamez les mouvements de pompage sur votre pénis et arrêtez dès que vous sentez l'éjaculation arriver. Ne vous en faites pas si vous passez tout droit les premières fois, c'est normal. Répétez l'exercice tous les trois jours jusqu'à ce que vous ayez la sensation de reconnaître votre point de non-retour.

REPOUSSEZ VOTRE POINT DE NON-RETOUR

Pour ce faire, débutez toujours en prenant de bonnes respirations profondes pour vous détendre. Touchez votre corps en ne vous concentrant pas immédiatement sur votre pénis. Ensuite, effectuez des mouvements masturbatoires ; lorsque vous sentez le moment arriver, cessez toutes caresses et respirez lentement. Vous perdrez partiellement votre érection, c'est normal. Une fois la pression redescendue, recommencez la stimulation. Arrêtez une deuxième fois. La troisième fois, rendez-vous à l'orgasme. Utilisez du lubrifiant chaque fois.

Une petite variante : utilisez une peau de banane pour vous masturber. La texture interne ressemble étrangement à celle du vagin ; les hommes qui ont tenté l'expérience en ont retiré beaucoup de plaisir.

ENTRAÎNEZ-VOUS TOUT EN VOUS AMUSANT

Le plaisir est essentiel ; en fait, il garantit les bons résultats. Votre plaisir passe avant toute notion de performance, ne l'oubliez jamais !

INVITEZ VOTRE PARTENAIRE À PARTICIPER

Une fois que ces exercices sont bien maîtrisés en solo, il peut être agréable, si vous êtes en couple, de les vivre avec votre partenaire. Tout d'abord, elle assistera à la séance sans vous toucher ; ensuite, elle pourra effectuer les mouvements – ce sera à vous de la guider et de lui demander de ralentir ou d'interrompre ses caresses lorsque vous sentirez que l'excitation monte trop vite.

Lorsque vous vous sentirez prêt à vivre une pénétration, je vous suggère d'adopter la position cavalière (où elle vous chevauche) afin que vous puissiez contrôler le rythme en la guidant de vos mains sur ses hanches.

Entraînement sans acharnement, longueur de temps, patience et plaisir se devront d'être vos mots d'ordre !

Quelques trucs à utiliser en couple

Si vous appréciez la diversification des comportements sexuels à l'intérieur du couple, voici quelques trucs agréables pour pimenter vos soirées.

LE RITUEL DES SENS

Il n'est souvent pas facile – tant pour l'homme que pour la femme – de prendre du temps pour se gâter, pour penser à soi et se faire plaisir, dans un contexte totalement dépourvu de culpabilité ! Le corps et l'esprit sont habitués à travailler fort, à vivre de la pression, à pousser la machine au maximum, quoi ! Dans ces conditions, il est tout à fait naturel d'avoir de la difficulté à décrocher pour se détendre et pour profiter de la vie.

Le rituel des sens est là pour donner au couple la chance, quelques fois par année, de refaire le plein d'énergie et d'intimité. Il faut bâtir l'intimité et l'entretenir soigneusement afin de la préserver jalousement de toutes attaques extérieures pouvant nuire à l'épanouissement et à la solidification du couple. Un couple épanoui sexuellement ne saura évoluer que dans un contexte où règnent le respect, l'authenticité et la complicité, de là l'importance de moments privilégiés… tel que celui proposé par le rituel des sens. Voici donc les étapes à suivre.

1re ÉTAPE : LES PRÉPARATIFS

Afin de vous assurer de passer un bon moment, il est important de prendre certaines précautions et de donner toute leur importance aux petites attentions. Gardez en mémoire que tout rituel demande à la fois temps et préparation.

Tout d'abord, faites un léger survol de tout ce qui pourrait titiller les sens de votre partenaire – son ouïe, son odorat, son toucher, sa vue et son goûter.

Réservez-vous la soirée entière et tentez d'écarter toutes les distractions possibles : débranchez le téléphone, cachez la voiture dans le garage (afin qu'aucun visiteur ne soit tenté de s'inviter à l'improviste), faites garder les enfants ou expédiez-les chez des amis ou leurs grands-parents pour la nuit… De tels détails mis hors d'état de nuire pourront vous permettre de vous abandonner totalement et sans inquiétude aux plaisirs que vous réserve un tel moment.

Prévoyez également les ingrédients suivants (ou, du moins, certains d'entre eux) : huile de bain ou bain moussant parfumé, bougies, musique d'ambiance, plumes, huile de massage, fruits frais lavés, coupés et sans pépins, bandeau pour les yeux, foulard de soie, pétales de rose de soie parfumés, boisson de votre choix (jus de fruits exotiques, vin, champagne…), quelques glaçons et une huile de massage chauffante.

2e ÉTAPE : LA PIÈCE

Prenez soin de préparer la pièce de manière à pouvoir y vivre toutes sortes d'expériences sensorielles. La température ambiante doit être confortable, suffisamment pour vous permettre d'y être nus sans frissonner. Les draps doivent être faciles à nettoyer.

Il est agréable également d'emplir la pièce de bougies. Allumées en même temps, elles provoquent un effet magique sur le plan de l'éclairage, tout en apportant une touche de chaleur. Si vous choisissez des bougies parfumées, prenez garde de ne pas utiliser toutes sortes d'odeurs à la fois, cela risquerait de briser l'effet recherché !

La pièce doit être prête à recevoir votre partenaire, une fois son bain pris et son corps bien asséché.

3e ÉTAPE : LE BAIN

Un bain chaud, quelques bougies, un bain moussant (mangeable, au besoin), une musique douce et des serviettes réchauffées dans la sécheuse pendant la détente dans l'eau suffiront à provoquer un certain émoi chez votre amoureux ou votre amoureuse.

Le bain doit se dérouler selon le désir et la volonté de la personne gâtée ; bref, c'est à elle de décider si, oui ou non, vous avez l'autorisation de la savonner. Votre présence ne sera peut-être qu'accompagnatrice !

Au sortir du bain, tendez une serviette toute chaude à votre partenaire. Une fois qu'il est bien sec, apposez un bandeau sur ses yeux, puis conduisez-le dans la pièce tout spécialement adaptée aux besoins du moment.

4e ÉTAPE : AU SERVICE DES SENS

Ici, ce sont les sens qui priment. Ne veillez qu'à une seule chose : combler votre partenaire de tous les délices possibles et imaginables. Portez toute votre attention sur son bien-être et sur sa découverte de sensations variées. Il est essentiel – si vous voulez faire le rituel jusqu'au bout – de vous abstenir de tout toucher à caractère sexuel ; vous devez donc éviter de caresser et de stimuler ses organes génitaux. Faites honneur à tout son corps ; vous aurez amplement le temps plus tard ou, mieux, une autre fois, de vous concentrer sur la jouissance génitale !

À cette étape-ci, votre imagination est votre seule limite ! Les yeux toujours bandés, votre partenaire ira de découverte en découverte au fur et à mesure que vous lui ferez vivre plein de choses. Quelques suggestions : plumes sur son corps, alternance de chaleur et de froid, caresses et massages sans attentes, plaisirs et découvertes pour les papilles gustatives…

Bien sûr, logiquement, une telle expérience ne peut pas se passer toutes les semaines ! Elle demande du temps et de la préparation, de là le désir et l'excitation qu'elle provoque. L'organisation et l'attente favoriseront le développement de l'intérêt mutuel ; vos sens frémiront à l'idée de surprendre, de plaire et de gâter votre partenaire. Plus les surprises seront préservées jusqu'à la fin, plus vous aurez du plaisir à préparer cette aventure ; mais surtout, votre couple en retirera de grands avantages.

UN TEMPS D'ARRÊT CHAQUE SEMAINE

T oujours afin de préserver votre intimité de couple et de déterminer les limites de celui-ci, réservez un temps, une fois par semaine, pour vous arrêter ensemble et vous pencher sur vous deux. Pour ce faire, planifiez une sortie (théâtre, cinéma, par exemple), une bonne bouffe au resto, un massage sans attentes, suivi de la conclusion de votre choix : dodo, bataille d'oreillers, chatouillements, relation sexuelle endiablée… Le simple fait de prendre ensemble une tasse de thé ou de chocolat chaud sans les enfants ni la télévision ou l'ordinateur vous donnera la chance de jaser de tout et de rien. De cette façon, vous pourrez prendre conscience de votre « bulle » et l'entretenir.

L'atteinte d'un équilibre requiert souvent bien des efforts et il est normal que cela ne vous vienne pas de façon naturelle au début ; vous devrez donc faire preuve d'une certaine flexibilité et d'un minimum de volonté ! Il est facile de passer tout droit une semaine, mais prenez garde : plus vous éloignerez ces moments de votre mode de vie, plus l'espace qu'il y a entre vous deux risque de s'agrandir ; de même, les rapprochements sexuels se feront plus rares puisque le manque d'attention et de tendresse ne contribuera qu'à accroître la muraille « anti-désir » de la femme. Bien sûr, je généralise un peu pour les besoins de la cause, mais il arrive souvent que la femme ait besoin de ces moments où elle se sent privilégiée, écoutée en tant que femme (et non seulement en tant que maîtresse) pour se laisser aller sexuellement.

Petit secret dévoilé

La plupart des femmes ont besoin de tendresse pour s'abandonner au sexe, alors que la majorité des hommes ont besoin de sexe pour s'abandonner à la tendresse.

Si les deux membres du couple refusent de mettre de l'eau dans leur vin, chacun tirera son côté de la couverture, provoquant incompréhension et frustration.

Donc, ce moment hebdomadaire de communication privilégiée vous permettra de mettre votre vie sur « Pause » pendant quelques instants et de vous consacrer uniquement l'un à l'autre : parfois pour de la tendresse, parfois pour une relation sexuelle. Je vous recommande de vous donner ainsi rendez-vous une fois par semaine, mais il est évident que si vous souhaitez le faire plus souvent, personne ne s'y opposera !

LORSQUE LES CARESSES SE RÉCHAUFFENT

*C*ombien de femmes en thérapie m'expriment leur désarroi concernant l'intérêt de leur conjoint face à la sexualité et à l'ampleur de leur libido! Effectivement, les désirs des hommes et ceux des femmes ne correspondent pas toujours, surtout en ce qui a trait à la fréquence des relations sexuelles. Par contre, s'il y a suffisamment d'amour, de bonne entente et de respect dans le couple, il est possible d'établir certains accords visant à répondre à un besoin qu'on nommera « besoin à sens unique ». Dans une relation sexuelle satisfaisante, rien ne nous indique en effet que les DEUX partenaires doivent obtenir un orgasme physique chaque fois...

Pour les autres moments, pourquoi ne pas utiliser quelques moyens pour satisfaire vos envies ou celles de votre partenaire plutôt que de laisser le temps et l'espace faire ses ravages en vous éloignant l'un de l'autre? Voici donc quelques suggestions à cet effet.

DE LA FEMME À SON PARTENAIRE...

La technique du collier de perles

Il suffit parfois de peu de choses pour rendre un homme heureux... La technique du collier de perles en est un exemple éloquent: elle fait littéralement fureur! Pour ce faire, vous aurez besoin d'un bon lubrifiant, d'un collier de perles (vraies ou fausses) que vous aurez porté toute la soirée – il sera délicieusement chaud, de vos deux mains, du pénis de votre partenaire et d'un peu d'humour !

Le principe est simple ; avec un peu d'entraînement, vous mettrez sans doute au point votre propre technique. Quelques caresses promettront une érection bien ferme ; vous n'aurez qu'à enduire le pénis de votre partenaire du lubrifiant de votre choix et de le caresser avec la main. Ensuite, enroulez doucement, mais de façon suffisamment serrée, le collier de perles autour de son pénis et commencez un mouvement de va-et-vient en prenant soin de vous assurer qu'il y a assez de lubrifiant. Au besoin, vous pourrez en ajouter tout en continuant la masturbation.

Concentrez vos caresses sur le bout de son pénis, la région la plus sensible pour lui. Permettez-vous de laisser glisser l'autre main sur ses testicules ; massez-les doucement dans un mouvement de pétrissage léger. Un doigt pourra vagabonder jusqu'à son anus pour le stimuler, si et seulement si vous vous sentez à l'aise avec ce type de caresses. Plus vous le stimulerez, plus son plaisir augmentera.

Pour ajouter une variante qui le surprendra, vous pouvez vous asseoir sur son pénis et profiter vous aussi des bienfaits du collier de perles !

Cette technique a quelques variantes :

- *les cylindres de silicone* : ce sont de petits tubes dont les contours sont parfois texturés. Il existe différentes grandeurs : s'ils sont petits, vous pouvez en mettre un à chaque doigt pour stimuler son pénis ; s'il est suffisamment large, placez-le directement sur son pénis pour le masturber. Assurez-vous de toujours utiliser du lubrifiant à base d'eau, cela facilite le glissement ou l'insertion du pénis dans l'objet en question ;
- *les seins enduits* : enduisez votre poitrine d'huile de massage et frottez vos seins sur le pénis de votre partenaire en effectuant des mouvements de vagues avec votre corps. Si vous le souhaitez, vous pouvez utiliser la technique de la *branlette espagnole*, qui consiste à presser son pénis entre vos deux

seins et à le masturber. Évidemment, le principe de base de cette variante de l'art de faire plaisir à votre partenaire réside dans votre capacité à vous amuser et à laisser parler votre corps ;

- *les mains glissantes* : il s'agit d'une masturbation sans objet érotique ou collier de perles. Ne faites que lubrifier vos mains, caressez-les ensemble, puis taquinez le pénis de votre partenaire. Laissez vos mains glisser sur son pénis, sans oublier ses testicules. Adoptez une position où il peut se rincer l'œil, mais interdisez-lui de vous toucher, il se laissera certainement prendre au jeu !

Quand la bouche se fait gourmande

Les caresses manuelles semblent plus populaires auprès des femmes que les caresses orales. Il est tout à fait normal pour une femme de ne pas désirer utiliser la fellation dans sa vie sexuelle et le couple devra apprendre à vivre avec cette limite car, en cas contraire, des frustrations et des malaises s'installeront. Plusieurs raisons motivent certaines femmes à ne pas faire de fellation à leur partenaire : l'hygiène, la peur de l'éjaculation ou la sensation d'être en position avilissante. Certaines objections sont donc physiques et d'autres psychologiques.

Il arrive aussi que des raisons d'ordre physiologique soient évoquées : peur ou dédain du goût, malaise en rapport avec l'éjaculation (recevoir ou non le sperme dans sa bouche), crainte qu'il y ait des traces d'urine, peur de s'étouffer… Toutes ces craintes sont sans doute fondées, néanmoins, plusieurs femmes tentent l'expérience afin de s'affranchir de leurs peurs.

Il est essentiel, voire crucial, que le couple soit fondé sur le respect et la confiance pour vivre librement ce type de comportement. La conjointe doit pouvoir exprimer ses craintes à un partenaire qui l'écoute et qui tient compte de ses réticences.

Si vous avez le goût d'expérimenter la fellation, voici quelques trucs :

- *sous la douche* : tentez l'expérience après avoir soigneusement savonné votre partenaire. Un gel moussant mangeable rendra les caresses encore plus tentantes. Commencez par faire des caresses manuelles et déposez quelques baisers furtifs sur son pénis. Lorsque vous vous sentirez prête, laissez-le entrer dans votre bouche. Vous n'avez pas besoin d'introduire la verge en entier dans votre bouche puisque, de toute façon, seul le gland et le frein sont vraiment sensibles. Pendant ce temps, votre partenaire reste immobile ; il n'effectue aucun mouvement de va-et-vient. Rappelez-vous que vous êtes libre de cesser toute stimulation buccale, à tout moment. Bien sûr, il ne faudra pas laisser votre partenaire en plan : conduisez-le alors à l'orgasme avec votre main ou d'une autre façon s'il est tout près d'éjaculer ! Le temps, la pratique et le respect de vos limites vous permettront de vivre cette expérience de façon agréable et non comme quelque chose de « forcé ». C'est un cadeau que vous lui faites, et comme dit le dicton : « À cheval donné on ne regarde pas la bride. » Votre partenaire prendra donc ce que vous lui offrirez simplement. Une bouche gourmande, même expérimentée, a aussi le choix d'avaler ou non le sperme. Ce liquide n'est pas dangereux pour la santé (à moins qu'il ne soit contaminé par une MTS) et ne contient aucune vertu médicinale ou autre. Une femme n'aime pas moins son partenaire si elle n'avale pas son sperme ; cela n'a donc rien à voir avec l'amour qu'elle lui porte. Tout est une question de goût, et seulement de goût. Le fait que vous vous sentiez gourmande et que vous vous laissiez aller ajoutera du plaisir à l'expérience, pour lui comme pour vous. Contrôlez la profondeur de la pénétration dans votre bouche en utilisant vos mains pour caresser sa verge en même temps par des mouvements ascendants et descendants. N'oubliez pas de respirer et d'avaler votre salive de temps à autre. Bougez votre langue et faites quelques succions légères. Et puis, attention à vos dents ! Au besoin, entraînez-vous avec un de vos doigts ;

- *une sucette à saveur de menthe* : pour mettre un peu de piquant, suçotez un bonbon à la menthe ; lorsque sa dimension sera passablement réduite, dissimulez-le dans le creux de votre joue et faites une fellation à votre partenaire. La sensation fraîche et légèrement piquante lui procurera beaucoup de plaisir ;
- *en fredonnant* : faites vibrer son pénis en fredonnant quelques airs ; les sensations seront bien différentes !

Petit secret dévoilé

Le goût du sperme varie en fonction de ce que l'homme mange. Des fruits et des aliments sucrés donnent à sa semence un goût moins prononcé !

DE L'HOMME À SA PARTENAIRE

Le bon timing

Pour vous assurer d'avoir l'entière complicité de votre partenaire, je vous suggère de porter une attention particulière au *timing*. Pour cela, vos antennes doivent être bien ouvertes, voire quelque peu développées. En fait, la technique consiste principalement à recevoir et à décoder les messages de votre partenaire vous indiquant si vous pouvez ou non vous rapprocher. Dans les suggestions qui suivent, ce *timing* est toujours important.

Apprenez à calculer son cycle menstruel

Soyez vigilant : lorsque la période PRÉ approche, tâchez d'être diplomate et de ne pas brusquer votre partenaire. Elle vous aime beaucoup et a besoin de sentir votre tendresse, mais pas nécessairement votre pénis bandé ! Ne prenez pas ses sautes d'humeur sur vos épaules et si la pression est trop grande, faites du sport et accordez-lui du temps pour qu'elle se repose. Au besoin, masturbez-vous sous la douche pour faire baisser votre tension sexuelle. Question *timing*, la période prémenstruelle n'est assurément pas un bon choix pour l'approcher sexuellement, surtout si les moments d'intimité sensuels et non sexuels remontent à des lustres. Durant cette période, rien ne vaut autant que vos pincettes et vos gants blancs !

Faites monter son désir

Le désir sexuel féminin est TRÈS différent du désir sexuel masculin. Comme deux planètes, ils sont composés d'éléments totalement divergents : l'homme réagit rapidement aux stimuli et peut avoir accès rapidement, voire instantanément, à son désir sexuel, alors que chez la femme, le désir doit monter, monter et monter encore avant qu'elle atteigne un niveau d'excitation sexuelle suffisant pour avoir envie de faire l'amour. Évidemment, cette généralisation ne rejoint pas tout le monde !

Afin d'aider votre partenaire à repartir le feu dans la cheminée (je dis bien *l'aider*, car vous n'en avez pas l'entière responsabilité), vous pouvez tout d'abord vous attarder à ses besoins, à ses goûts et à ce qui lui fait plaisir. De façon générale, la plupart des femmes apprécient les attentions qu'on leur porte, spécialement si elles ne ressentent pas de « pression » sexuelle. Par pression sexuelle, j'entends toucher ses seins ou ses organes génitaux dans un contexte non sexuel, faire des allusions à la dernière fois que vous avez fait l'amour (et vous savez que ça fait longtemps), bouder lorsqu'elle se retourne pour dormir alors que vous aviez envie d'un rapprochement sexuel... Tout cela peut devenir un cercle vicieux – sans être vicieux – parce que cette roue ne prendra fin que lorsque vous l'arrêterez : plus elle refusera, plus vous serez frustré, et plus vous serez frustré, plus elle refusera parce qu'elle ne désirera pas faire l'amour avec quelqu'un qui est frustré, et cela vous frustrera encore plus. Vous voyez ? On n'en sort pas ainsi !

La meilleure chose à faire, c'est de prendre TEMPORAIRE-MENT la place de l'autre pour tenter de la comprendre. Allez-y doucement, lentement mais amoureusement. Son désir pourra monter si elle se sent confiante et si elle a de la place pour le laisser monter.

Séduisez-la

La plupart des femmes aiment se sentir appréciées et désirées. Permettez-vous d'être galant, faites-la se sentir spéciale à vos yeux : ouvrez-lui les portes et la portière de la voiture pour monter et pour descendre, avancez sa chaise au restaurant, tenez-la près de vous lorsque vous marchez ensemble, n'hésitez pas à porter ses affaires. Certaines femmes ressentent ces attentions comme étant une atteinte à leur personnalité. À mon avis toutefois, ces gestes rendent hommage à la féminité sans placer la femme à l'état d'objet. (Pourquoi s'en insulter ? Vous n'en êtes pas moins une femme autonome pour autant, et il le sait !) L'intelligence d'une conversation ou d'une opinion la fera très certainement vibrer d'envie.

Petit secret dévoilé

Un petit sourire ou un « merci » à votre partenaire galant l'encouragera à recommencer !

La séduction peut prendre bien des formes et il suffit d'être à l'écoute de votre partenaire, qui vous indiquera – en mots, en gestes ou en allusions – ce qui lui fait envie. Certaines aiment recevoir des fleurs, d'autres préfèrent un massage. Ayez confiance : ces charmes porteront leurs fruits au lit !

Découvrez ses zones érogènes
Chaque femme possède son propre répertoire de zones érogènes et privilégie des façons de les stimuler. La plupart d'entre
elles préfèrent une alternance des caresses entre ces zones
particulièrement sensibles et une autre région corporelle à
connotation moins sexuelle. Touchez-la, complimentez-la et
soyez à l'écoute de ses réactions. Elle émettra des sons, fris-
sonnera, ouvrira davantage ses jambes ou les resserrera ; ses
seins se dresseront.

Apprenez à vivre avec votre érection
À cette étape, il est essentiel que vous appreniez à vivre avec
cette érection qui vous titille ! Ne tentez pas de soulager immédiatement cette pulsion, concentrez-vous sur la sensualité. La
pénétration n'est pas une finalité en soi. Profitez donc du moment. Votre partenaire s'apercevra que vous « oubliez » momen-
tanément votre érection. Par réflexe, elle voudra peut-être vous
stimuler, mais enlevez doucement sa main et dites-lui de vous
laisser faire, que vous avez envie de la gâter. Elle appréciera
que vous ne souhaitiez pas soulager votre érection immédiatement !

Utilisez la technique des doigts agiles
Caressez son pubis en portant une attention toute particulière à ses lèvres – petites et grandes. En plaçant votre main
sur son mont de Vénus, paume vers le bas, et en écartant légèrement deux doigts, faites glisser entre ceux-ci un peu de lubrifiant que vous aurez préalablement réchauffé. Ensuite, d'un
mouvement circulaire et avec un peu de pression, agitez vos
doigts afin de stimuler son clitoris. Le rythme est très important, alors soyez à l'écoute de ses réactions : ses soupirs et
ses gémissements vous indiqueront si vous êtes à la bonne
place ! La meilleure position pour cette technique est la suivante : votre partenaire appuie son dos sur votre torse. De
cette façon, vous pouvez la stimuler aisément et, de votre
autre main, caresser ses seins ou une autre partie de son
corps. N'hésitez pas à lui dire (avant de commencer à la sti-

muler!) qu'elle peut vous guider à tout moment. Car ce n'est pas une mince affaire : de fait, certains hommes tâtonnent longtemps, ce qui risque de décourager quelque peu leur partenaire… Mieux vaut demander conseil ! Vous pouvez aussi, à l'occasion, introduire un ou deux doigts dans son vagin, si elle apprécie ces caresses internes.

Petit secret dévoilé

Certaines femmes ont facilement des réactions allergiques, il est donc très important de choisir un lubrifiant incolore, non parfumé et à base d'eau.

La figure ci-dessous illustre une façon de placer vos doigts agiles.

La bouche qui donne du plaisir

Les caresses orales, comme pour les femmes, ne font pas néces-sairement l'affaire de tous. Il est très important, avant d'entamer les séances de cunnilingus, de s'assurer que votre partenaire et vous-même êtes à l'aise avec ce type de caresse. Une bonne hygiène est essentielle ; de plus, plusieurs éléments peuvent influer sur le goût de la vulve de votre conjointe : la prise de médication, le type de nourriture (plus il y a d'épices, d'oignons ou d'ail, plus le goût de ses sécrétions sont prononcées), son cycle menstruel, le tabac, les vitamines, les infections…

La langue ne doit pas se comporter comme un missile à tête chercheuse et s'acharner en effectuant des mouvements exagérés ; plutôt, suçotez votre partenaire et agitez doucement votre langue. Les femmes jouissent par des caresses orales lorsqu'elles sont effectuées de la même manière, au même endroit et pendant un certain temps. N'augmentez la cadence que si elle le demande, sinon poursuivez à la même intensité – autrement, vous risquez de briser le rythme et de la faire basculer de l'autre côté. Fiez-vous à sa respiration !

Voici quelques exemples de positions.

L'*effet glacé* est une variante appréciée. Si vous êtes avec une partenaire qui jouit trop rapidement lors du cunnilingus ou qui raffole des sensations différentes, placez un glaçon dans votre bouche et faites-le fondre un peu avant de commencer les caresses orales. Puis, placez-le au creux de votre joue. Vos lèvres et votre langue seront froides, ce qui lui donnera des frissons. Vous pouvez même pousser l'audace jusqu'à enfiler le glaçon dans son vagin, et ce, sans aucun danger. La glace fondra et s'écoulera tout naturellement ! Évidemment, le glaçon doit être fait d'eau sans colorant ni additif.

Petit secret dévoilé

Le clitoris des femmes est très sensible lorsqu'il est dénudé. Chaque femme aime qu'il soit stimulé d'une façon bien précise. Observez-la lorsqu'elle se masturbe ; cela vous permettra de découvrir bien des trucs.

N'oubliez pas les allergies ou les risques d'infections : abstenez-vous d'introduire dans le vagin des choses qui ne sont pas conçues pour la pénétration ou des aliments qui risqueraient de laisser des dépôts.

Les positions sexuelles

Les différentes positions de l'amour éveillent presque toujours la curiosité des gens et plusieurs considèrent comme un défi d'en essayer de nouvelles. Le fait de varier nos positions sexuelles est une bonne façon d'ajouter un certain caractère ludique à nos rapports amoureux. Il va de soi que toutes les positions que nous présente le *Kama Sutra* (ouvrage sur les positions sexuelles) ne sont pas facilement réalisables. Effectivement, pour bien exécuter certaines d'entre elles, il faut faire bien des petits ajustements...

Les acrobaties ne comptent pas autant que le plaisir que vous aurez à expérimenter diverses positions. Je vous le dis tout de suite : certaines seront confortables, d'autres non. Quelques-unes vous demanderont une agilité et une souplesse particulières et d'autres s'adresseront à des amants soucieux de limiter leurs efforts physiques.

Je vous présente ces positions sexuelles pour vous permettre de varier votre routine érotique afin que les habitudes ne grugent pas votre intérêt pour la sexualité. Par contre, il ne faut surtout pas vous mettre trop de pression à les réaliser toutes. Un couple doit pouvoir choisir et chacun des membres doit avoir la possibilité d'exprimer son intérêt ou son désaccord.

LES VARIANTES DE L'HOMME AU-DESSUS DE LA FEMME
(pour changer de la traditionnelle position du missionnaire !)

LES JAMBES CROISÉES

L'homme se place par-dessus sa partenaire et prend appui de chaque côté de sa tête. Elle relève ses jambes, qu'elle croise dans le dos de son partenaire. Il peut être allongé ou légèrement relevé sur ses genoux. Cette position favorise une pénétration un peu plus profonde que la position traditionnelle du missionnaire. Pour en augmenter les effets, la femme peut ramener ses genoux près de sa tête.

LE PONT

L'homme se place entre les jambes de sa partenaire, qui fait le pont avec ses jambes. Il soutient son dos et ses fesses en la pénétrant. Cette position permet une pénétration profonde et facilite le dépôt du sperme près du col de l'utérus (avis aux couples qui veulent procréer !).

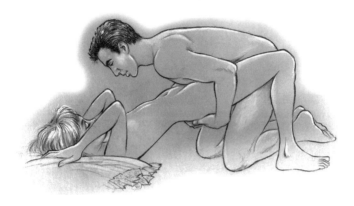

LES JAMBES EN L'AIR

Toujours placé au-dessus de sa partenaire et entre ses jambes, l'homme s'allonge en elle alors qu'elle relève complètement ses jambes pour les appuyer sur ses épaules. La pénétration est très profonde de cette façon. Les jambes peuvent se fatiguer rapidement, mais c'est une position idéale pour ceux qui désirent concevoir – le sperme est déposé très près du col utérin.

LES POSITIONS PAR L'ARRIÈRE

LA LEVRETTE

D ans cette position dite *a tergo*, la femme est à quatre pattes et l'homme, à genoux, est placé près de ses fesses. La pénétration vaginale se fait par derrière et permet une intromission très profonde du pénis. La particularité de cette position est qu'elle permet aux amants de bien sentir chacun les mouvements de va-et-vient. Toutefois, il est important que la femme soit bien lubrifiée pour permettre une telle pénétration.

La toute première fois, l'homme se doit d'y aller doucement puisque la pénétration est très profonde ; il est possible

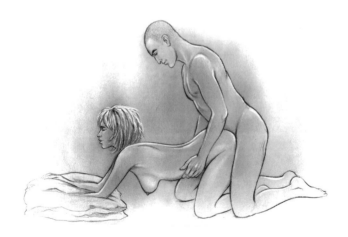

que le pénis cogne sur le col de l'utérus, ce qui n'est pas agréable pour toutes les femmes.

La femme peut s'appuyer sur une montagne d'oreillers ou encore s'incliner davantage en couchant sa poitrine sur la surface où le jeu sexuel a lieu. Les amants peuvent aussi se placer sur le bord du lit, d'un fauteuil ou près d'un autre meuble sur lequel la femme prendra appui.

La levrette est une position appréciée de certains et boudée par d'autres, qui affirment qu'elle revêt un caractère animal. Il est donc important que le couple soit en bonne santé (physique et morale !) afin de pouvoir s'abandonner au jeu et à la passion du moment.

LA CAVALIÈRE INVERSÉE

Dans cette position, la femme chevauche son partenaire en lui tournant le dos. Il est allongé et s'abandonne aux mouvements. Elle peut prendre appui sur les jambes de son amant et soulever son bassin pour effectuer des mouvements de va-et-vient. La pénétration n'est pas particulièrement profonde dans cette position (à moins que l'homme n'ait un très gros pénis).

Pour ajouter une variante, l'homme s'assoit, les jambes allongées, et la femme se glisse sur lui, les genoux relevés. Les deux amants peuvent aussi s'asseoir sur une chaise ou sur le bord du lit et prendre appui par terre avec leurs pieds. De cette façon, les mains sont libres et peuvent caresser des zones qui ne demandent qu'à être gâtées !

LES POSITIONS FACE À FACE
OÙ LA FEMME EST PAR-DESSUS

La cavalière

L' homme est étendu sur le dos et la femme le chevauche en lui faisant face. Elle peut prendre appui sur le torse de son partenaire ou s'incliner davantage en plaçant ses mains de chaque côté de sa tête. Dans cette position, c'est en bonne partie la femme qui « contrôle » la pénétration en agissant sur la profondeur et le rythme de celle-ci. D'ailleurs, la pénétration est relativement profonde dans cette position.

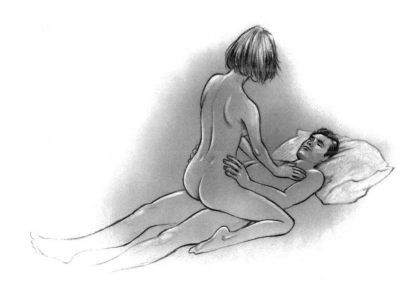

Il est recommandé aux hommes qui souffrent d'éjaculation rapide d'utiliser cette position cavalière pour deux raisons : il n'y est pas très actif et les mouvements ne permettent pas un frottement aussi intense sur le frein du prépuce que, par exemple, la position du missionnaire (où l'homme est allongé sur sa partenaire pour la pénétrer).

L'homme peut laisser ses mains vagabonder sur le corps de sa partenaire. Les regards se croisent et le face à face permet l'échange de baisers.

La posture de la cavalière peut aussi permettre la stimulation du point G, car l'angle du pénis lors de la pénétration agit directement sur la paroi antérieure du vagin où se situe cette zone excitable.

LA MISSIONNAIRE INVERSÉE

Cette fois-ci, la femme s'allonge complètement sur son partenaire et place ses jambes entre celles de son amant. Cette position ne permet pas une pénétration profonde du tout – et il faut faire attention à ce que le pénis ne ressorte pas pour venir se buter contre l'os pubien de sa partenaire, sinon… douleurs assurées ! Par contre, le frottement permet une stimulation du clitoris de la femme, parfait pour les clitoridiennes !

Pour ajouter une variante à la missionnaire inversée, la femme soulève sa poitrine et prend appui de chaque côté de la tête de son partenaire, plaçant ses jambes entre les siennes. Le mouvement de son bassin stimulera automatiquement son clitoris. Dans cette position, la pénétration est peu profonde.

LE M

L'homme est à genoux, les fesses appuyées sur ses mollets et il prend appui avec ses mains derrière lui. La femme est sur son partenaire, les jambes de chaque côté de sa tête à lui et s'appuie derrière son dos à l'aide de ses mains. Un peu d'acrobatie !

Cette position demande une certaine souplesse et beaucoup d'imagination car les mains sont immobilisées pour soutenir le corps. L'usage de la parole peut s'avérer fort agréable dans cette position où les regards se croisent mais où les lèvres ne peuvent se toucher. La pénétration est profonde.

ASSIS L'UN SUR L'AUTRE

Que les jambes soient croisées ou légèrement allongées, la femme s'assied sur son partenaire. Les corps sont très près l'un de l'autre, ce qui permet bien des caresses. La position favorise une pénétration profonde, mais elle ne permet pas des mouvements de pénétration vigoureux ; il faut donc parfois adapter la posture pour trouver le rythme qui convient à chacun.

Cette position ne convient pas aux couples qui souhaitent concevoir un enfant, puisque le sperme quitte rapidement le col utérin.

LES POSITIONS SUR LE CÔTÉ

LES AIMANTS

F ace à face et couchés sur le côté, les amants peuvent se caresser allègrement. La pénétration du pénis n'est pas facile et demande certaines adaptations puisque celui-ci tend à glisser hors du vagin. Les mouvements sont au ralenti et requièrent peu de vigueur. L'angle de pénétration permet à l'homme de contrôler assez facilement son éjaculation. Pour ajouter une variante, les jambes sont jointes, croisées. La pénétration est très peu profonde.

LES CUILLÈRES

Les deux amants sont allongés sur le côté. Le dos de la femme est appuyé sur le thorax de son partenaire, qui peut lui caresser le corps d'une main. Souvent, la femme doit relever légèrement les fesses pour permettre à l'homme de la pénétrer.

On utilise habituellement cette position pour entamer l'échange des caresses, puis on la délaisse pour adopter une posture permettant des mouvements plus énergiques. La pénétration y est peu profonde, à moins que l'on ne change l'angle de pénétration en variant un peu la position.

LA CUILLÈRE TORDUE

Cette position est semblable aux cuillères, sauf que la femme tourne le haut de son corps vers son partenaire. Cette posture demande une grande souplesse et le mouvement de va-et-vient peut occasionner des douleurs s'il est brusque ; la contorsion du dos rend en effet moins évidents les mouvements énergiques. À moins de modifier l'angle du pénis, la pénétration n'est pas très profonde dans cette position.

LES POSITIONS DEBOUT

*L*es relations sexuelles debout sont rarement pratiquées sur une base régulière puisqu'elles demandent souplesse et agilité. Certaines personnes ne les trouvent pas particulièrement confortables, mais elles les considèrent comme « pratiques » lorsque les ébats sont fougueux ! Les voici plus en détail.

L'ACCROCHÉ

L'homme soulève de terre sa partenaire, qui enroule ses jambes autour de sa taille et se retient à son cou. Une telle posture peut

occasionner des douleurs au dos ou aggraver des malaises déjà existants, alors attention aux soudaines envies de baise sur le cadre de porte ! Dans cette position, la pénétration est profonde.

L'ACCROCHÉ RETENU

Toujours debout, les partenaires se font face. La femme enroule une de ses jambes autour de la taille de son partenaire, qui peut ensuite la pénétrer. Dans cette position, la pénétration n'est pas particulièrement profonde et les engourdissements dans le mollet de la jambe au sol peuvent incommoder la femme si la relation se poursuit pendant un certain temps.

Le décroché

Les partenaires sont tous les deux debout face à face. La pénétration n'est pas facile et le pénis tend à sortir du vagin, alors attention aux risques de blessure !

Généralement, cette position est adoptée lors des caresses menant à la relation sexuelle dans une autre posture. C'est toutefois une bonne position pour se déshabiller mutuellement, pour se caresser et s'embrasser...

Petit secret dévoilé

La variété des positions sexuelles dépend de l'imagination, de l'audace, de la souplesse et de l'agilité des partenaires !

Les orgasmes

AU FÉMININ

P our bien des femmes, l'orgasme relève de l'exploit ou du mystère le plus complet. Le plaisir de connaître des sensations fortes est remplacé par la pression de jouir, de jouir comme les autres, de jouir seule, de jouir avec son partenaire et de jouir plus d'une fois. Quelle mission pour ces 25 % de femmes qui n'ont jamais connu l'orgasme !

Cette situation découle souvent du fait qu'elles recherchent un objectif précis lors de la relation sexuelle au lieu de profiter simplement du moment présent et de l'échange de caresses. Il est donc très important de ne pas orienter les touchers uniquement vers des zones ou des régions pouvant provoquer un orgasme. Le fait de s'attarder sur tout le corps pour se gâter mutuellement permet la détente et la spontanéité des réactions. Le corps de toutes les femmes est conçu pour réagir aux stimulations, mais la tête prend trop souvent le dessus, les privant de cet abandon nécessaire pour faire monter l'orgasme.

Petit secret dévoilé

L'orgasme peut faire partie de la relation sexuelle, mais il n'est pas une finalité.

Il est impératif de cesser toute course à l'orgasme et de se concentrer sur les sensations éprouvées lors de rapprochements amoureux ou de caresses intimes en solo. D'ailleurs, l'expérience en solitaire favorise souvent le laisser-aller; de cette façon, la femme apprend à reconnaître et à moduler son excitation. Donc, une femme qui éprouve de la facilité à se caresser pourra se rendre plus facilement à l'orgasme.

ORGASME CLITORIDIEN

Le clitoris de la femme n'a qu'une fonction : donner du plaisir. L'orgasme ressenti par stimulation clitoridienne est généralement très génital, localisé et assez intense. Un peu plus de deux femmes sur trois connaissent l'orgasme de façon clitoridienne et celles-ci ont parfois besoin de stimuler leur clitoris pour avoir d'autres types d'orgasmes, par exemple lors de la pénétration vaginale.

Lorsque la stimulation se fait avec les doigts, il appartient à la femme de préférer des caresses directes ou indirectes sur son clitoris. Généralement, les mouvements sont circulaires et rapides; ils s'effectuent selon un rythme et une pression qui varient au gré de l'excitation. Plus l'excitation monte, plus les caresses s'intensifient pour déclencher l'orgasme. La plupart des femmes se caressent étendues sur le dos ou sur le ventre; elles placent leurs doigts sur leur clitoris et tout autour. La lubrification vaginale est relativement importante lors d'un orgasme clitoridien et sera plus abondante s'il y a cunnilinctus.

Si la femme préfère utiliser un objet sexuel pour stimuler son clitoris et se donner un orgasme, elle choisit habituellement un vibrateur dont la taille et la forme correspondent à ses goûts. S'il n'y a pas d'intromission, l'objet n'a pas besoin d'être spécialement conçu pour la pénétration. De façon générale, les femmes appuient le vibrateur sur les petites ou les grandes lèvres pour stimuler indirectement le clitoris. Il arrive qu'elles alternent entre les caresses sur la vulve en entier et les stimulations directes du clitoris afin de prolonger les sensations.

L'orgasme clitoridien par la stimulation du vibrateur arrive habituellement beaucoup plus rapidement qu'avec les doigts seuls.

ORGASME VAGINAL

L'orgasme vaginal survient lorsqu'il y a une pénétration et que la femme effectue des mouvements de contractions de son muscle pubo-coccygien. Les sensations éprouvées sont plus diffuses, plus profondes et semblent provenir de l'intérieur comparativement à l'orgasme clitoridien. C'est généralement l'orgasme qui tarde le plus à venir puisqu'il demande une certaine expérience. Il requiert un degré d'abandon plus grand de la part de la femme, puisqu'elle laisse quelqu'un ou quelque chose entrer en elle. Elle doit pouvoir se laisser aller aux diverses sensations pour jouir.

Les positions pour atteindre l'orgasme vaginal varient vraiment d'une femme à l'autre. Une fois trouvée, cette position est privilégiée par le couple.

ORGASME PAR LE POINT G

Cet orgasme survient uniquement lorsque la zone du point G est adéquatement stimulée. Le point G n'est pas un organe, mais un point de jouissance. Il se situe sur la paroi antérieure du vagin – vers le ventre – à environ 2 cm de l'entrée du vagin juste derrière l'os du pubis. Vous pouvez le repérer facilement en sachant qu'il se situe environ à la racine du clitoris. À l'état de repos, il a environ la taille d'un dix sous, mais une fois qu'il est excité, sa taille correspond plutôt à une pièce d'un dollar. Sa texture est raboteuse, un peu comme un noyau de pêche.

Contrairement au clitoris, le point G ne réagit pas rapidement au toucher direct. Il faut le stimuler relativement longtemps pour l'exciter. Étant donné que le point G se situe près de la paroi de la vessie, il est naturel, lors de la stimulation, de ressentir l'envie d'uriner. C'est la raison pour laquelle il est important de bien vider la vessie avant d'entreprendre toute caresse à cet endroit.

La meilleure position pour trouver son point G et le stimuler est la position du « petit bonhomme », c'est-à-dire accroupie. La femme place un doigt, paume vers le haut, à l'intérieur de son vagin. L'insertion de deux phalanges suffit pour atteindre le point G. Il est important de bien vider votre vessie. La première stimulation peut prendre jusqu'à 20 minutes avant de procurer du plaisir à la femme et des sensations différentes de celles qu'elle a éprouvées à ce jour.

point G

Avec son partenaire, la meilleure position par pénétration est la cavalière où elle le chevauche, l'angle du pénis pouvant ainsi atteindre son point G. Dans ce cas également, la stimulation est lente ; il importe donc que l'homme puisse maintenir une érection sans éjaculer pendant un certain laps de temps.

Le partenaire peut aussi choisir de stimuler le point G avec un doigt. Pour ce faire, la femme se couche à plat ventre ; son partenaire insère un doigt dans le vagin, paume vers le bas.

De la patience, de la patience et encore de la patience !

Il arrive qu'une stimulation du point G provoque une éjaculation. Ce liquide s'expulse par l'urètre, mais ce n'est pas de l'urine. Le fluide provient de glandes situées sur les côtés de l'urètre et qui, connectées au conduit, circule lorsqu'il y a une stimulation adéquate.

Certaines femmes éjaculent chaque fois, d'autres à l'occasion et plusieurs ne le font jamais. Cela ne dépend aucunement de la volonté de chacune, mais plutôt d'une réaction physiologique. La femme n'a donc aucun contrôle sur cette situation.

La quantité de liquide varie beaucoup d'une femme à l'autre et d'une stimulation à l'autre. Elle peut se contenir dans quelques cuillères à soupe ou remplir un contenant d'un litre ! À ce compte, on ne mouille pas que les draps, mais le matelas aussi !

ORGASME COMBINÉ

L'orgasme combiné est appelé ainsi parce qu'il se rapporte au plaisir de la combinaison de plusieurs sensations différentes. La jouissance est alors ressentie de façon floue, mais elle est tout de même très intense. Cet orgasme survient lorsqu'il y a plusieurs stimulations : point G par pénétration et clitoris par stimulation manuelle, par exemple.

ORGASMES MULTIPLES

Pour que l'on puisse parler d'orgasmes multiples, il faut qu'il y ait au moins trois orgasmes à la suite l'un de l'autre (il peut y avoir un certain délai entre chacun), dans une même relation sexuelle. Les orgasmes peuvent se multiplier si les stimulations se poursuivent et si la femme manifeste une grande force et un bon contrôle du muscle pubo-coccygien.

ORGASME DES SEINS

Certaines femmes atteignent l'orgasme lorsque leurs seins sont caressés ou sucés. L'orgasme est assurément physiologique, même s'il n'y a pas de stimulation aux organes génitaux proprement dits.

AU MASCULIN

*L*a jouissance masculine ne se résume pas simplement à l'éjaculation provoquée par une stimulation manuelle, orale ou par pénétration. Voici les options possibles.

ORGASME PÉNIEN

L'orgasme pénien est provoqué par la pénétration – vaginale, anale – ou la masturbation – manuelle, orale. Les sensations éprouvées sont intenses au niveau des corps caverneux et du gland et sont décrites comme étant en surface, externes.

L'éjaculation se fait en deux temps : la mise sous pression et l'expulsion. Elle se produit en jets et c'est à ce moment-là que l'homme connaît généralement sa jouissance.

ORGASME SÉMINAL OU PAR LE POINT P

Ce type d'orgasme provient d'une stimulation prostatique. Les sensations se situent surtout autour du corps spongieux, de la prostate et de l'urètre prostatique. L'orgasme serait plus diffus, plus large, que dans les cas d'orgasme pénien. Il provoque une éjaculation sous forme d'écoulements baveux.

L'expression « point P » signifie point prostate. La prostate est un organe fibreux, glandulaire et musculaire de la grosseur et de la forme d'un marron. Elle se situe à la base de la vessie et l'urètre la traverse par le milieu. Tous les hommes qui ont encore leur prostate peuvent donc jouir du point P !

De l'extérieur, c'est-à-dire sans passer par l'anus, la pros- *tu m'en parloras !* tate se situe entre les testicules et l'anus – région nommée « périnée ». Des pressions suffisantes et bien localisées pourront procurer du plaisir à l'homme qui en fait l'essai. Voici la marche à suivre : étendez-vous sur le dos et remontez légèrement vos jambes vers vous. À l'aide de deux doigts, faites des pressions circulaires sur votre périnée pour tenter de localiser un point sensible – vous stimulez ainsi indirectement votre prostate. La stimulation devra se poursuivre un certain temps. Il est possible que vous parveniez à l'orgasme de cette façon ; certains hommes préfèrent la combinaison de ces caresses et d'une masturbation.

Par voie interne, c'est-à-dire en passant par l'anus, vous localiserez un peu plus facilement votre prostate. Pour la repérer, insérez deux phalanges du doigt, paume vers le haut lorsque vous êtes allongé sur le dos. Ensuite, faites un mouvement qui signifie « viens par ici » vers le nombril ; vous tâterez la prostate à travers la membrane rectale. Pour la stimuler, effectuez de doux mouvements de va-et-vient de petite amplitude. L'orgasme ressenti provoquera une éjaculation baveuse, c'est-à-dire qui s'écoule lentement du pénis comme de la lave d'un volcan plutôt qu'en jets.

ORGASME RÉTROGRADE

L'homme qui vit des orgasmes rétrogrades connaît des sensations orgastiques sans que du sperme s'écoule de son urètre. Le sperme se dirige alors directement dans la vessie. Cela peut survenir chez des hommes qui ont subi des opérations ou des blessures, mais aussi chez ceux qui sont adeptes de la sexualité tantrique qui acquièrent une façon de jouir en n'éjaculant pas.

LA PÉNÉTRATION ANALE

La région anale est considérée comme une zone érogène, car elle est fortement innervée (pourvue de multiples terminaisons nerveuses). Toutefois, ce type de relation sexuelle est loin de faire l'unanimité, tant chez les couples hétérosexuels que chez les homosexuels. Contrairement à ce que la plupart des gens pensent, la pénétration anale n'est pas réservée uniquement aux gais, et ce ne sont pas tous les homosexuels qui aiment pratiquer la sodomie.

Il existe différentes préférences en matière de sexe anal. Certaines personnes – homme ou femme – préfèrent les caresses avec les doigts ou la langue à l'anus (sans pénétration d'objet, de doigts ou du pénis), d'autres aiment les pénétrations légères, c'est-à-dire de quelques phalanges d'un doigt ou de la langue, alors que plusieurs désirent une pénétration complète – que ce soit avec le pénis ou un objet spécialement conçu pour la pénétration anale.

Petit secret dévoilé

Les caresses de l'anus avec la langue se nomment anilinctus.

QUELQUES NOTIONS D'ANATOMIE

L'anatomie rectale paraît peu compliquée, mais en fait elle comporte quelques détails très importants, qui permettent de comprendre les réactions lors d'une stimulation anale. Allons-y donc pour un léger survol anatomique !

À l'extérieur, on aperçoit l'anus – c'est la partie visible à l'œil nu lorsque les fesses sont écartées. Le rectum, un tube de 15 cm de long environ, est suivi du canal anal, qui mesure près de 5 cm et au bout duquel, dans un angle de 90°, il y a l'ampoule rectale. Des muscles en forme d'anneaux – extrêmement puissants – assurent la continence et ont une double utilité : de façon involontaire, ils retiennent les matières fécales et de façon volontaire, ils se relâchent pour l'expulsion de celles-ci. À la différence du vagin, le sphincter anal tend donc naturellement à « absorber » tout ce qui y est inséré… alors gare à ce que vous y introduisez !

Justement, à ce propos, il est très important de prendre certaines précautions avant de tenter quoi que ce soit en fait de pénétration. Ces dispositions s'imposent, que vous en soyez à votre première expérience ou non. Compte tenu de la constitution anatomique de cette région, elles éviteront que l'expérience devienne un supplice ou qu'elle vous cause des blessures – physiques ou autres.

DES CARESSES À LA PÉNÉTRATION

Les caresses anales doivent toujours se faire dans un climat de détente, de respect et de grande propreté, il va sans dire. L'anus produit une certaine lubrification, mais elle est insuffisante pour l'intromission. Il s'avère donc nécessaire d'utiliser un bon lubrifiant à base d'eau (*voir la section sur les lubrifiants à la page 129*). Les gelées de pétrole comme la *Vaseline* ne sont pas recommandées du tout puisqu'elles ne sont pas solubles à l'eau ; elles peuvent donc s'accumuler et empêcher les tissus de respirer, provoquant irritations ou infections. De plus, ces gelées détruisent le latex des condoms.

L'intromission anale doit se dérouler lentement pour permettre aux muscles anaux de se détendre. Les mouvements, le rythme ainsi que la vigueur de la pénétration diffèrent donc de ceux effectués lors d'une pénétration vaginale. La longueur moyenne du rectum est plus petite que la longueur moyenne du pénis ; il faut alors soigneusement éviter d'introduire toute la verge au départ, puisque cela pourrait perforer la paroi du rectum, là où il fait un coude pour rejoindre le côlon : danger de péritonite ! Sous l'effet de la poussée, l'ampoule rectale acquiert une certaine élasticité à la jonction avec le canal anal, mais il est tout de même recommandé de ne pas insérer plus que la longueur du gland du pénis. Évidemment, le choix revient à chacun.

La répétition du mouvement permet de développer une certaine aisance, qui se rapproche de celle qui survient au cours de la pénétration vaginale. Les muscles se relâchent, ce qui fait que certaines personnes craignent d'être incontinents ou le deviennent carrément… Ce sont des choses qui peuvent arriver, alors raison de plus de prendre certaines précautions.

Les positions peuvent varier selon les désirs de chacun. À l'intérieur du corps, l'ampoule rectale forme un angle de 90° au bout des 5 cm du canal anal et certaines postures présentent un angle droit cuisses/dos et réduisent l'angle de l'ampoule, diminuant par le fait même les risques de douleurs. Toutefois, si la personne qui se fait pénétrer est couchée sur le ventre, elle doit cambrer fortement son bassin pour permettre l'intromission.

La muqueuse anale ne possède qu'une couche de cellules ; lorsqu'elle est sollicitée sexuellement, elle peut devenir une porte d'entrée aux germes et aux virus tel le VIH. Une lésion anale met beaucoup de temps à guérir, car l'anus n'a pas vraiment de moyen de défense. Il est donc primordial que vous utilisiez une protection suffisante : condom, digue dentaire, pellicule plastique…

Quelques positions pour la stimulation anale.

Les microbes du vagin et ceux de l'anus étant très différents, il n'est pas recommandé de passer directement d'une
pénétration vaginale à une pénétration anale et il est surtout
dangereux de faire l'inverse, car l'anus est rempli de colibacilles
qui risquent de produire une cystite (infections des voies urinaires). Un changement de condom s'impose alors.

Les accessoires érotiques

Le jeu, l'abandon, la créativité, l'extase des sens, la complicité, tout cela contribue au bien-être affectif, émotif, moral et physique de chacun et chacune. Les plaisirs reliés à une vie sexuelle épanouie apportent à tous une certaine joie de vivre.

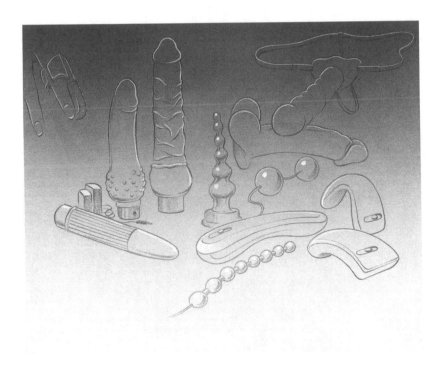

La sexualité, c'est bien plus que la génitalité, c'est une façon d'être, une façon de se vivre. Sans elle, il manque une couleur à la vie, celle de l'accomplissement. Une sexualité accomplie, c'est bien plus que quelques orgasmes, c'est une reconnaissance du droit d'avoir du plaisir dans un corps de femme, dans un corps d'homme. Pour toutes ces raisons, et bien plus encore, tous les accessoires du monde ne remplaceront jamais la chaleur d'un contact, l'intensité d'un regard, la passion électrisante d'une main baladeuse ou la tendresse d'une étreinte. Mais qui a dit qu'on ne pouvait pas se servir de ces objets à l'occasion ?

Si vous prenez le temps de regarder autour de vous, je suis certaine que vous trouverez un élément pouvant être transformé en article érotique. Eh bien oui, dans un contexte sexuel, bien des trucs peuvent prendre l'aspect d'un gadget érotique pour quelques instants ! Qu'il s'agisse d'un foulard pour chatouiller, d'un collier de perles pour stimuler ou encore d'une huile de massage pour masturber, seule votre imagination ou votre capacité d'abandon vous mettront des limites. Il n'est toutefois pas recommandé de vous servir d'objets qui ne sont pas conçus pour la pénétration – anale ou vaginale – puisqu'ils pourraient provoquer des réactions allergiques, se briser ou encore irriter.

Voici donc quelques trucs pour les plus aventureux d'entre vous !

LES BOULES JAPONAISES

*L*es boules japonaises sont de petites boules pleines et assez lourdes. On les utilise afin de permettre le raffermissement du plancher pelvien. En effet, la femme doit effectuer des contractions pour les maintenir insérées à l'intérieur du vagin, sans quoi elles tomberont littéralement par terre.

Il n'y a en soi aucune excitation sexuelle directe à tirer de ces boules japonaises. Toutefois, leur utilisation régulière permettra à la femme qui les porte d'avoir un bon contrôle sur son muscle pubo-coccygien au cours des relations sexuelles. L'orgasme sera donc plus intense et la lubrification vaginale, plus abondante.

La plupart des femmes retirent ces boules au cours des relations sexuelles, car la pénétration peut être douloureuse quand elles y sont. D'autres, plus aventurières, ajoutent un degré de difficulté en choisissant d'en garder une... ou même les deux bien au fond de leur vagin ! Je ne recommande pas cette pratique cependant, puisque la sensation provoquée par les mouvements de va-et-vient peut incommoder tant la femme que l'homme ; cela peut même provoquer des blessures.

POUR LES UTILISER

Il est recommandé de n'en placer qu'une seule à la fois. Après les avoir bien nettoyées avec un produit spécialement conçu pour le nettoyage des objets érotiques, placez-vous debout, les jambes légèrement écartées – environ la largeur de vos épaules. Prenez une boule entre vos doigts et glissez-la sur votre vulve, le temps de vous familiariser avec l'objet. Vous pouvez aussi le réchauffer d'abord dans vos mains. L'utilisation d'un lubrifiant peut aider l'insertion (*voir la section sur les lubrifiants à la page 129*), mais cela rendra le passage plus facile pour la sortie aussi !

Avec un doigt, poussez maintenant la boule dans votre vagin. Elle aura certainement tendance à vouloir sortir toute seule. Prenez le temps de bien sentir ce corps étranger et de contracter votre muscle pubo-coccygien pour le retenir. Une fois que vous serez experte dans le port d'une boule, vous pourrez passer à l'insertion d'une seconde. Il est difficile de maintenir en place deux boules, mais avec un peu d'entraînement vous y arriverez. Par la suite, vous pourrez la ou les porter en toute occasion sans que personne s'en aperçoive. Cela vous obligera à garder le muscle en contraction et garantira l'éveil de votre vagin.

Une fois l'utilisation terminée, elles retourneront dans leur coffret, bien nettoyées !

LES BOULES CHINOISES

À la différence des boules japonaises, les boules chinoises sont légères et contiennent une autre petite bille à l'intérieur. Généralement au nombre de deux, elles sont reliées entre elles par une petite corde. Il faut contracter un peu les muscles pour pouvoir les placer, mais une fois qu'elles seront bien insérées, vous ne les sentirez plus, sauf quand vous bougerez. En effet, lors des mouvements naturels du corps, les petites billes s'agitent dans les grandes, provoquant ainsi quelques vibrations agréables pour le vagin.

Les boules chinoises favorisent grandement l'éveil du plaisir vaginal et rendent la lubrification plus abondante puisque le vagin est sollicité par les vibrations. Il faut enlever ces boules lors des relations sexuelles avec pénétration vaginale.

Pour les utiliser

Après un bon nettoyage, réchauffez les boules chinoises entre vos mains et faites-les bouger. Vous entendrez le son émis par les petites billes à l'intérieur et vous ressentirez la vibration. En position debout, les jambes écartées à la largeur des épaules, appliquez un peu de lubrifiant sur votre vulve et à l'entrée de votre vagin (*voir la section sur les lubrifiants à la page 129*). Ensuite, glissez la première boule bien au fond de votre vagin, la seconde boule suivra le mouvement de façon toute naturelle. Il ne restera à l'extérieur du vagin que la corde pour les retirer une fois leur utilisation terminée.

Pour les retirer, vous n'avez qu'à tirer doucement sur la corde et elles glisseront hors de votre vagin. Vous pouvez aussi utiliser quelques gouttes de lubrifiant pour faciliter leur sortie. Portées régulièrement, les boules chinoises accroîtront la réceptivité de votre vagin, vous procurant des orgasmes plus intenses.

LES BOULES THAÏLANDAISES

*L*es boules thaïlandaises se présentent en série. Effectivement, elles sont reliées entre elles dans une cascade – le nombre varie selon la longueur – et sont spécialement conçues pour l'insertion anale. Hommes et femmes peuvent s'en servir pour accroître le plaisir ressenti par stimulation anale.

Selon les modèles, les billes peuvent être de grandeurs différentes dans la même cascade. Certaines sont rigides ; d'autres, faites d'une matière gélatineuse, sont plutôt molles.

POUR LES UTILISER

Si vous n'êtes pas familiarisé avec les caresses anales, il est recommandé d'y aller doucement et par étapes. Tout d'abord, assurez-vous d'être dans une position confortable – par exemple étendu sur le dos, les jambes légèrement relevées et le bassin soulevé vers le haut à l'aide d'un coussin ou d'un oreiller. Certaines personnes préfèrent être accroupies (en « petit bonhomme »). Vous pouvez lubrifier la cascade de billes ainsi que votre anus (*voir la section sur les lubrifiants à la page 129*).

Tentez d'insérer les boules une à la fois. Faites un mouvement d'expulsion, cela favorisera l'insertion puisque les muscles anaux se relâcheront. Une fois qu'elles ont inséré la cascade, certaines personnes effectuent des mouvements de va-et-vient en entrant et en sortant quelques boules. Plusieurs hommes les laissent en place, se masturbent le pénis et ne les retirent qu'au moment de l'éjaculation ; les boules appuient sur la prostate par la paroi intestinale.

Généralement, les cascades de boules sont munies d'une grande corde ou d'un cran d'arrêt. Assurez-vous que ce soit des boules de bonne qualité si vous ne voulez pas qu'elles se retrouvent toutes dans votre intestin et que vous ne puissiez plus les ressortir...

LE BUNGEE ÉROTIQUE

*L*e bungee érotique convient à ceux et à celles qui aiment faire l'amour en apesanteur! Le système de harnais, solidement fixé au plafond, permet aux plus cascadeurs d'entre nous de faire l'amour d'une façon acrobatique. La femme peut se glisser dans les courroies, soulevant ainsi ses pieds de terre; l'homme a donc la possibilité de la prendre de toutes les façons.

Les rebondissements de l'élastique vous enverront peut-être au septième ciel! Coûteux, mais très original…

POUR L'UTILISER

Rien de mieux que de regarder la cassette d'instructions comprises avec le kit d'installation et d'utilisation! Un couple y démontre toutes les possibilités et les positions favorisant le plaisir. Évidemment, avec ce genre de truc, il faut avoir un bon sens de l'humour et ne pas être trop pressé, puisque l'installation prend un certain temps et que la personne à l'intérieur du harnais se voit privée de plusieurs mouvements. Comme les caresses sont difficiles, je vous suggère de faire les préliminaires avant de sauter dans le bungee.

LES VIBROMASSEURS

D e tailles et de qualités différentes, les vibromasseurs enva-
hissent les comptoirs des boutiques spécialisées. Certains sont à piles, d'autres à télécommande ; quelques
modèles spéciaux sont conçus pour aller sous l'eau. Les caractéristiques des vibromasseurs – la couleur, la taille, la surface,
la matière, la forme, la vitesse, la rotation – varient en fonction des modèles.

Généralement, les fabricants cherchent à imiter le phallus.
Les vibromasseurs ont donc une forme allongée, qui rappelle
celle du pénis en érection. Il existe aussi des modèles en forme
d'œuf, que l'on appelle communément « cocos vibrants », qui
sont destinés à la stimulation clitoridienne uniquement. Certains modèles se portent comme une culotte.

Pour les utiliser

Choisissez votre vibromasseur en fonction de votre besoin et
de votre intérêt pour la chose ! Les modèles les plus coûteux
ne sont pas nécessairement les meilleurs. Il est important de
prendre le temps de les regarder et de les faire fonctionner
dans le magasin ; vous entendrez ainsi le son qu'ils émettent,
vous sentirez les vibrations qu'ils produisent. N'hésitez pas à
demander les caractéristiques de chacun au conseiller ou à la
conseillère en magasin.

Si la gêne vous retient, faites votre achat en plusieurs étapes :
une première pour prendre connaissance des modèles, une

autre pour vous en approcher et une troisième pour demander des conseils. Les gens qui travaillent dans ces boutiques reçoivent régulièrement des clients un peu gênés par la situation, ils sont donc habitués à composer avec les émotions qui y sont associées.

Le choix de votre vibromasseur dépend de la fonction que vous lui destinez :

- pénétration vaginale ou anale ;
- stimulation clitoridienne ;
- stimulation du point G ou du point P.

Petit secret dévoilé

Peu importe le type de vibromasseur choisi, il est important qu'il corresponde à vos goûts et à vos besoins.

Le vibromasseur peut être appliqué sur le clitoris par l'utilisatrice elle-même ou par son partenaire. Le tissu d'un vêtement, d'une petite culotte ou une grande lèvre peuvent réduire la vibration, car la stimulation directe du clitoris n'est pas tolérée de toutes. Il revient à chaque femme de trouver la meilleure façon de jouir de son vibromasseur en s'amusant avec les vitesses, en variant la pression et les caresses. Pour toute pénétration, il est nécessaire d'avoir un vibromasseur conçu à cet effet.

Peu de femmes deviennent dépendantes du vibromasseur, mais si votre partenaire en dépend, vous pouvez certainement l'aider à se défaire de cette dépendance en lui démontrant qu'il y a mieux ou autre chose !

LES GODEMICHÉS

*L*es godemichés ressemblent étrangement à leurs cousins, les vibrateurs ; toutefois, ils ne sont pas munis d'un système provoquant la vibration. De forme phallique (qui imite le pénis), ils sont souvent confectionnés dans des matières souples, telles que le caoutchouc ou le silicone, au contraire des vibrateurs.

POUR LES UTILISER

Certains, montés sur des harnais, peuvent être portés par le ou la partenaire ; d'autres se fixent au menton, ce qui permet une caresse supplémentaire, c'est-à-dire le cunnilingus.

LE MASTURBATEUR

*L*e masturbateur est un tube souple, généralement fait d'un caoutchouc siliconé transparent, dans lequel l'homme insère son pénis pour la masturbation. L'intérieur ressemble énormément à la texture du vagin, car il n'est pas lisse.

POUR L'UTILISER

Cet objet peut servir les intérêts de l'homme seul ou être utilisé en présence d'un partenaire. Peu importe celui ou celle qui manipule l'objet, une fois que le pénis y est inséré, les sensations agréables sont garanties ! Il suffit d'appliquer un lubrifiant à base d'eau sur le pénis et de le faire glisser à l'intérieur de l'objet (*voir la section sur les lubrifiants à la page 129*). Vous connaissez la suite… mouvements de va-et-vient réguliers, qui s'accélèrent et s'accélèrent encore…

LE DOIGT MAGIQUE

C et objet, qui fonctionne à piles, se glisse sur le bout d'un doigt et favorise la stimulation clitoridienne. On trouve sur le marché plusieurs types de doigts magiques, avec différentes couleurs et différents embouts texturés.

Le modèle à un doigt est submersible, alors que le modèle à plusieurs doigts ne l'est pas. Ce dernier comporte trois doigts reliés à un bracelet de velcro permettant d'ajuster l'intensité de la vibration.

POUR L'UTILISER

On peut l'installer sur le doigt à l'aide d'un petit anneau flexible. La mise en marche et l'arrêt se font à partir d'un interrupteur sur le dispositif. Il n'y a pas de variation dans les vitesses de vibration pour le modèle à un doigt ; c'est la pression qu'on lui impose qui contribue à augmenter l'excitation ou à la réduire. Par contre, le modèle « poignet » comporte un grand éventail de vitesses. Utilisés ailleurs sur le corps, ces doigts peuvent procurer des massages très inspirants et relaxants !

Malgré le bruit émis par les vibrations, l'objet est intéressant tant pour la femme que pour l'homme : elle l'appuie sur son clitoris ou stimule son anus ; il s'en sert pour se masturber en l'appuyant sur son périnée ou pour caresser son anus.

* * *

Bref, l'utilisation d'accessoires érotiques peut contribuer à mettre un peu de piment dans une vie de couple, mais ils ne sont pas essentiels à l'épanouissement d'une sexualité. La décision de les inclure dans les jeux sexuels revient à chacun et à chacune ; le respect de ses propres limites et de celles de son ou de sa partenaire s'impose. Un couple qui n'utilise pas ces objets est tout aussi « normal » qu'un couple qui s'en sert à l'occasion.

Petit secret dévoilé

Les gadgets érotiques sont souvent l'apanage des hommes. Bien des femmes trouvent l'utilisation des vibromasseurs dérangeante car le bruit les distrait. Une période d'adaptation est donc nécessaire pour certaines, alors que d'autres n'offriront qu'un refus catégorique...

Les lubrifiants

Le lubrifiant peut jouer un rôle essentiel dans les relations sexuelles ; il peut accentuer les sensations et provoquer beaucoup d'excitation chez les deux partenaires, spécialement lorsqu'il est de bonne qualité. Il n'est donc pas anormal pour une femme d'utiliser un lubrifiant au cours de la pénétration ; cela ne signifie pas non plus qu'elle ne lubrifie pas suffisamment de façon naturelle.

COMMENT CHOISIR UN BON LUBRIFIANT

Jl n'y a pas une personne qui réagisse de la même façon lors d'une stimulation avec un lubrifiant. Pour cette raison, il est important d'essayer plusieurs produits avant d'arrêter son choix. Certaines personnes apprécient les lubrifiants liquides, d'autres les préfèrent plus crémeux, moins collants…

Quoi qu'il en soit, on reconnaît un bon lubrifiant à sa texture. Je vous suggère de demander au conseiller ou à la conseillère en magasin de vous en mettre un peu sur le bout du doigt afin d'en apprécier la composition. Frottez le doigt lubrifié sur un autre doigt ; s'il devient collant, c'est qu'il s'asséchera rapidement, auquel cas vous devrez vous lubrifier régulièrement ; s'il coule entre vos doigts, c'est qu'il est très liquide et que vous n'aurez probablement pas à en appliquer une seconde fois.

Ne vous gênez pas pour sentir le produit et pour y goûter. Si on vous dit de ne pas y goûter, méfiez-vous car ce qui ne va pas dans votre bouche n'ira certainement pas sur vos organes génitaux.

Le choix du produit dépend également de l'utilité prévue :

- caresses manuelles ;
- caresses orales ;
- pénétrations vaginales ;
- pénétrations anales ;
- accessoires érotiques.

À CHAQUE UTILISATION SON PRODUIT

POUR LES CARESSES MANUELLES

Astroglide (incolore, inodore)

C'est un lubrifiant à base d'eau reconnu ; sa texture se rapproche beaucoup de la lubrification vaginale. Il n'a pas d'odeur, mais il a un goût légèrement sucré. Il peut devenir quelque peu collant lors d'une utilisation prolongée ; il suffit alors de mouiller la partie stimulée avec un peu de salive pour poursuivre les caresses.

Moist Personal Lubricant (incolore)

À base d'eau et de glycérine, ce lubrifiant a un goût légèrement acidulé en raison de l'extrait de romarin et d'aloès. Sa texture est très soyeuse et confère à la peau une sensation de douceur. Grâce à la présence de menthe et de ginseng, il procure une sensation de fraîcheur. Il ne devient pas collant aussi rapidement que l'Astroglide.

Eros Body Glide, Millenium et Platinum (incolore, inodore)

Ce sont trois lubrifiants à base de dimethicone, un dérivé de silicone dont le goût et l'odeur sont neutres. Leur texture est extrêmement soyeuse en raison des ingrédients qui les composent. Étant donné que ces produits sont relativement nouveaux sur le marché et que l'on ignore leurs effets, il est préférable de les réserver à des usages externes. Eros est un excellent produit pour la masturbation masculine et les massages. La sensation de douceur reste sur la peau même après le lavage.

Liquid Silk (blanchâtre, inodore)
Sa texture est soyeuse en raison du dimethicone qu'il contient ; sa couleur blanchâtre rappelle étrangement le sperme. Ce produit n'a aucun goût particulier. Il est très intéressant pour les caresses manuelles externes puisqu'il reste longtemps sur la peau sans laisser de résidus.

K-Y Liquid (incolore)
C'est la version liquide du K-Y classique. On le trouve en pharmacie. Il est tout à fait inodore et ne goûte rien. Ce produit à base d'eau peut s'évaporer assez rapidement ; il est donc conseillé de tenir le contenant tout près si l'orgasme tarde à venir !

POUR LES CARESSES ORALES

Kama Sutra Love Liquid Sensual Lubricant (incolore, inodore)
Avec son petit goût légèrement sucré, ce lubrifiant à base d'eau et de glycérine s'avère très intéressant pour ce type de caresses.

Kama Sutra
Cette gamme de lubrifiants mangeables a des goûts et des couleurs variés. En raison de la coloration et des ingrédients utilisés pour le goût, il arrive que certaines femmes aient des réactions allergiques ; dans ce cas, il faut alors oublier ce type de lubrifiants.

K-Y liquid et Astroglide
Ces produits sont bons premiers pour les caresses orales. Le K-Y est particulièrement apprécié pour sa texture et parce qu'il est sans goût.

POUR LES PÉNÉTRATIONS

Astroglide
Ce lubrifiant arrive au premier rang puisque sa texture légère le rend très performant. Les risques d'allergies sont très minces, même pour les femmes sensibles. Il est sans danger pour l'organisme.

Kama Sutra Love Liquid Sensual Lubricant
Ce produit s'utilise très bien pour les pénétrations puisqu'il est à base d'eau et de glycérine. Comme il est très liquide, il suffit d'en appliquer une petite quantité.

Maximus Water-Based Sensual Lubricant (incolore, inodore)
Sa texture et sa composition le rendent très performant. Bien qu'il soit à base d'eau, il ne s'évapore pas très rapidement.

POUR LES ACCESSOIRES ÉROTIQUES

Tous les lubrifiants à base d'eau seront parfaits pour ce type d'utilisation. Étant donné que certains objets serviront à une pénétration, il est important de n'utiliser qu'un lubrifiant qui n'est pas parfumé ou qui ne contient pas de dimethicone afin d'éviter les irritations ou les infections.

Il est totalement déconseillé de prendre des produits à corps gras, car ils peuvent détruire les accessoires érotiques.

Petit secret dévoilé

Les corps gras tels que la gelée de pétrole (Vaseline), les huiles pour bébé, les huiles pour le corps, détruisent le latex et les accessoires érotiques. Évitez donc de vous en servir dans vos activités sexuelles.

LES TECHNIQUES D'APPLICATION

*U*n lubrifiant reste un simple lubrifiant s'il n'est pas appliqué avec soin et une intention spéciale ! Voilà pourquoi il est avantageux d'acquérir certaines techniques d'application pour la masturbation masculine…

Vous pouvez déposer quelques gouttes de lubrifiant dans l'une de vos mains et, d'un mouvement sensuel de friction avec l'autre main, réchauffer le produit. Ensuite, faites glisser vos mains sur le sexe de votre partenaire et commencez la stimulation. Englobez les testicules de votre amant avec des mouvements lents. Il peut aussi accompagner vos caresses sur son corps en lubrifiant lui aussi ses mains.

Petit secret dévoilé

Une quantité judicieuse – ni trop, ni trop peu – de lubrifiant ne vous fera pas perdre toute sensation. Quelques mouchoirs à proximité permettront d'enlever l'excédent !

Si vous enduisez vos avant-bras, vous pourrez étendre vos caresses et diversifier vos mouvements. Vous pouvez aussi placer votre main, paume sur les organes génitaux de votre partenaire, et répandre du lubrifiant sur le dos de votre main en le faisant glisser entre vos doigts entrouverts. Frottez ensuite votre main entière sur ses organes génitaux et poursuivez avec des caresses plus élaborées.

Pour la technique de la branlette espagnole, enduisez vos seins d'une généreuse quantité de lubrifiant et invitez votre partenaire à frotter son pénis entre ceux-ci !

Les maladies transmissibles sexuellement

Tout contact sexuel comporte des responsabilités et implique des risques. La raison d'être de ce chapitre n'est pas d'engendrer en vous de la crainte, voire de l'effroi, mais plutôt de vous aider à vivre une sexualité sécuritaire et agréable, et que les gestes de protection à cet égard deviennent même des réflexes.

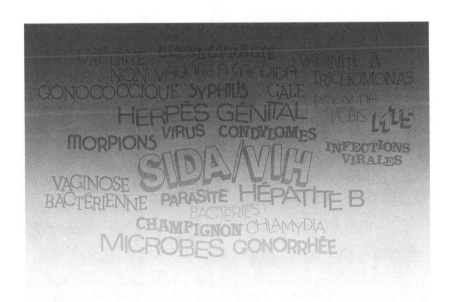

Les maladies transmissibles sexuellement (MTS) sont des affections contagieuses, donc généralement transmises par une personne contaminée. Le hic, c'est que ces maladies peuvent rester silencieuses pendant des mois ou même pendant des années avant d'être décelées ; en effet, dans près de 80 % des cas, les MTS sont dépourvues de tous symptômes apparents.

On classe ces maladies selon le type de microbes qui les causent ; elles peuvent être provoquées par un virus, une bactérie, un champignon ou un parasite (voir le tableau ci-dessous).

Type de microbes	MTS
Virus	Herpès génital (aussi sur les lèvres et la bouche), condylomes (verrues dans l'anus, la bouche et la gorge), hépatite B, sida/VIH
Bactéries	Syphilis, gonorrhée (aussi dans la gorge) chlamydia, urétrite non gonococcique (hommes), vaginose bactérienne (type d'infection vaginale – femmes)
Champignon	Vaginite à candida
Parasite	Poux de pubis (morpions), gale, vaginite à trichomonas

Cette classification permet d'offrir à la personne infectée un traitement adéquat et spécifique.

À la grande différence des maladies de types bactériennes, à champignons ou parasitaires, qui se soignent et disparaissent, les infections virales restent dans le système sanguin de la personne infectée pour le reste de ses jours, mais toutes ne sont pas mortelles.

Avant d'aller plus loin, précisons quelques termes utilisés dans le contexte des MTS :

- *Contact sexuel :* contact des organes génitaux, de l'anus ou de la bouche avec les organes génitaux, l'anus ou la bouche du partenaire ;

- *Pratiques sexuelles sans risque :* étreintes, caresses, baisers sans échange de salive, baisers sur le corps sauf sur les organes génitaux et à condition qu'il n'y ait aucune plaie sur la peau, masturbation personnelle ou réciproque, massage, objets érotiques à usage exclusif ;

- *Personne à risque :* personne qui a un contact sexuel avec un nouveau partenaire, ou avec plusieurs partenaires, ou encore avec un partenaire qui a plusieurs partenaires ou enfin avec un partenaire dont elle ne connaît pas la vie sexuelle.

Voyons maintenant chaque MTS plus en détail.

L'HERPÈS GÉNITAL

L a famille de l'herpès comprend deux types de virus : l'herpès de type I ou herpès buccal, communément appelé feu sauvage ; l'herpès de type II ou herpès génital. Malgré le fait que ces types soient reliés habituellement à certaines parties du corps bien précises, ils peuvent affecter d'autres régions ; il semble en effet que 25 % à 50 % des infections herpétiques au niveau des organes génitaux soient attribuables à l'herpès buccal (à la suite d'un contact oral-génital).

L'herpès est une infection très commune.

Symptômes

Des lésions peuvent apparaître sur les parties infectées de 3 à 12 jours environ après la contamination et sont généralement précédées d'une sensation de picotement. Un groupe d'ampoules se développe, puis se rompt en laissant s'écouler un liquide clair qui séchera pour former une croûte. Il se peut que de la fièvre et des maux de tête accompagnent la première éruption d'herpès. Ces plaies guérissent d'elles-mêmes en 10 à 20 jours.

Chez la femme, les plaies sont situées à l'intérieur du vagin, à la vulve, près de l'anus, sur les cuisses et les fesses. Chez l'homme, les plaies apparaissent sur le pénis, autour des testicules, près de l'anus ou sur les cuisses et les fesses.

Certaines personnes n'ont qu'une seule crise; toutefois, comme le virus demeure présent en elles (on dit alors qu'il est latent ou dans une phase de dormance), elles peuvent infecter leur partenaire. En général, les plaies reviennent périodiquement, mais les symptômes sont moins douloureux que lors de la première crise et durent aussi moins longtemps.

L'herpès *n'est pas* un problème de santé *grave* pour la plupart des gens. Par contre, chez les femmes enceintes, la situation se complique : lors de l'accouchement, le bébé peut être contaminé parce qu'il a un contact direct avec la région infectée ; il est donc nécessaire d'en parler au médecin.

TRANSMISSION

L'herpès se propage par contact direct avec la partie infectée (bouche, organes génitaux). L'herpès n'est donc pas transmis seulement par contacts sexuels. Le condom ne protège pas complètement, car le virus peut être présent dans des régions qu'il ne couvre pas. Même s'il n'y a pas de plaies ou que celles-ci sont disparues, le virus demeure « dans le système » de la personne infectée, qui peut alors le transmettre au cours d'un rapport sexuel.

TRAITEMENT

La médication peut diminuer l'intensité et la durée des symptômes seulement si elle est prise au début de la crise. Avec ou sans traitement, les plaies finissent par guérir d'elles-mêmes. L'application de compresses humides, des médicaments contre la douleur et le repos soulageront les symptômes. Il est essentiel de garder la région infectée bien propre et sèche et de ne pas porter de pantalons ajustés, de bas nylon ou de sous-vêtements en tissus synthétiques. Le fait de se laver les mains avec de l'eau et du savon après avoir touché des plaies permet d'éviter de propager le virus à des endroits sensibles comme les yeux.

LES CONDYLOMES

A ussi connus sous le nom de « verrues génitales » ou de « crêtes de coq », les condylomes font partie des maladies transmissibles sexuellement les plus répandues. Ils sont causés par un virus cousin, mais différent, de celui des verrues ordinaires.

Symptômes

La plupart du temps, le virus s'installe sans que le porteur s'en aperçoive. La présence de petites verrues sur les organes génitaux, au pourtour ou à l'intérieur de l'anus et, occasionnellement, dans la bouche, lui indiquera visuellement sa contamination.

La période moyenne entre l'infection et l'apparition des condylomes sur le corps s'échelonne de 2 à 4 mois, mais elle peut aussi être beaucoup plus longue. La forme et la couleur des verrues changent selon leur localisation : elles peuvent être roses, brunâtres ou grises et ne causent généralement aucune douleur. Toutefois, elles peuvent être accompagnées d'irritation et de démangeaisons. Les verrues sont habituellement visibles à l'œil nu ; le médecin peut aussi utiliser du vinaigre pour faire blanchir les lésions afin de les repérer plus facilement.

La présence de ce virus dans le corps peut faire augmenter les risques – même plusieurs années après l'infection – de cancer du col de l'utérus et, plus rarement, de cancer de la vulve, du vagin, du pénis ou de l'anus. Pour les femmes, le recours régulier à un test de Pap ou à une cytologie du col permet dans certains cas de dépister des lésions précédant l'apparition d'un cancer.

TRANSMISSION

Généralement, on attrape le virus par contact sexuel direct avec les organes génitaux d'une personne infectée, qu'il y ait pénétration ou pas. Les verrues ne sont pas nécessairement visibles, et même si elles sont traitées ou disparues, le virus demeure dans le corps de la personne contaminée. Le condom ne protège pas complètement puisque le virus peut être présent dans des régions qu'il ne couvre pas.

TRAITEMENT

Certains procédés peuvent faire disparaître les verrues ; à ce sujet, le médecin demeure le meilleur conseiller. Comme le virus reste en latence dans le corps, il est assez fréquent que des condylomes réapparaissent quelque temps après le traitement ; des examens de contrôle réguliers permettent d'intervenir rapidement quand il le faut.

L'HÉPATITE B

L' hépatite B est une infection virale qui s'attaque directement au foie. Il existe plusieurs type d'hépatite, mais je ne traiterai que de l'hépatite B dans ce volet.

Cette maladie, qui touche environ 5 % de la population du Québec (1 personne sur 20), se transmet par contact sexuel et sanguin.

SYMPTÔMES

La période d'incubation s'étend de six semaines à six mois. L'apparition des symptômes ne se fait qu'à ce moment ; en fait, chez près de 50 % des personnes atteintes, l'infection passe inaperçue. Lorsqu'il y a manifestation de la maladie, on trouve les symptômes suivants : une jaunisse (peau et blanc des yeux jaunes), de la fièvre, des nausées, des malaises abdominaux, des vomissements ou de la diarrhée.

Bien des gens guérissent spontanément et se débarrassent du virus en moins de six mois ; ils sont alors protégés définitivement contre cette maladie. Toutefois, 10 % des personnes atteintes demeurent infectées par le virus pendant plus de six mois, sinon à vie. C'est ce que l'on appelle un « porteur chronique » : il peut transmettre la maladie et court plus de risques de développer une maladie chronique du foie, comme la cirrhose ou le cancer du foie.

TRANSMISSION

La maladie se transmet par le sang, le sperme et les sécrétions vaginales d'une personne infectée. Une femme enceinte infectée peut contaminer son enfant lors de l'accouchement. Qu'elles aient ou non des symptômes, les personnes infectées demeurent contagieuses tant que le virus est dans leur sang.

TRAITEMENT

Présentement, il n'existe aucun traitement pour guérir une personne atteinte de l'hépatite B. Une injection d'anticorps lui sera administrée le plus tôt possible afin d'empêcher l'infection. Un vaccin très efficace peut permettre de prévenir l'hépatite B ; trois doses sont nécessaires et, dans certains cas, la vaccination est gratuite.

LE SIDA

Malgré le fait que le sida soit maintenant bien connu, il continue de susciter des préjugés tenaces. Effectivement, les personnes aux prises avec cette maladie, de même que leurs proches, font encore l'objet de discrimination. La peur qui y est reliée prend une ampleur telle que certains craignent tout contact avec une personne séropositive. L'information juste circule, mais bien des questions demeurent. Alors, comme l'épidémie continue de sévir et qu'il est possible d'éviter de s'infecter, il est important de faire le point sur la maladie.

Le sida, abréviation de syndrome d'immunodéficience acquise, est la manifestation la plus grave d'une infection causée par le virus de l'immunodéficience humaine, ou VIH. Le VIH détruit le système de défense du corps humain, ou système immunitaire, le rendant incapable de lutter contre les maladies et les infections. Il favorise ainsi le développement d'autres maladies qui peuvent, à plus ou moins long terme, entraîner la mort.

Le virus n'a pas de préférence quant à l'orientation sexuelle, à la couleur de la peau ou à l'âge des personnes qu'il infecte, à l'encontre de bien des préjugés. Et comme on ne peut pas guérir du sida, pour l'instant du moins, il est important pour les hommes et les femmes – aussi bien hétérosexuels qu'homosexuels – de toutes les origines d'adopter les comportements préventifs appropriés.

Le VIH est un rétrovirus (c'est-à-dire un virus à ARN) qui possède une enveloppe externe faite de protéines et à l'intérieur de laquelle vivent des gènes viraux. En raison de la grande simplicité de sa structure, le virus infecte des cellules hôtes pour se multiplier. Le VIH entre donc dans les cellules CD4 et les empêche de fonctionner normalement, c'est-à-dire de lutter contre les infections ; c'est ce qui rend ce virus si meurtrier.

Une fois à l'intérieur de sa cellule hôte, le VIH fait des « copies » de lui-même. Lors de la réplication, il peut se produire des erreurs, c'est ce que l'on appelle une mutation. Dans certains cas, la mutation affaiblit la structure du virus, mais dans d'autres cas, elle le fortifie et le rend plus résistant aux traitements.

TRANSMISSION

Le VIH circule dans le sang. Son principal mode de transmission demeure la relation sexuelle (anale, vaginale et parfois buccale) avec une personne infectée par le virus ; la contamination peut aussi se faire par contact avec une plaie, par transfusion sanguine, par l'échange de seringues souillées et par la grossesse.

En favorisant l'entrée du sperme, ou le contact avec les sécrétions vaginales ou le sang menstruel, la pénétration vaginale ou anale permet au VIH de s'introduire dans le système sanguin et de s'installer dans l'ensemble du corps. La présence d'autres MTS facilite la transmission du VIH à cause des lésions ou de la fragilité du système immunitaire.

La transmission est aussi très fréquente lorsqu'il y a partage de matériel d'injection déjà utilisé pour consommer des drogues. En se piquant avec des seringues contaminées, les toxicomanes s'injectent le VIH directement dans le sang. Toutes les aiguilles, même celles qui sont utilisées pour le tatouage et le perçage des oreilles, peuvent transmettre le VIH si elles ne sont pas stérilisées.

Une mère vivant avec le VIH peut le transmettre à son enfant pendant la grossesse, l'accouchement ou durant l'allaitement. Les transfusions sanguines ont aussi causé plusieurs cas de sida ; aujourd'hui toutefois, les autorités médicales prennent toutes les mesures qui s'imposent pour prévenir une telle situation.

Le virus ne se transmet pas par des contacts reliés aux activités quotidiennes, contrairement aux maladies contagieuses comme la grippe ou la varicelle. Par contre, il faut éviter d'entrer directement en contact avec le sang d'une personne séropositive, par exemple en touchant à l'une de ses plaies ouvertes. Si cela survient, il est recommandé de laver rapidement la partie du corps touchée à l'eau et au savon. Le virus ne vit pas dans l'air ni dans l'eau.

L'encadré suivant présente les niveaux de risque de transmission du VIH au cours des activités sexuelles.

Risque très élevé

Pénétration anale SANS condom
Pénétration vaginale SANS condom

Faible risque

Sexe oral* (bouche sur les organes génitaux)
Pénétration anale ou vaginale AVEC condom

Sans risque

Masturbation mutuelle
Frottements corps à corps
Baisers (*french kiss*)
Massages...

---

* Le sexe oral sans condom est à risque très élevé pour les autres MTS.

DÉPISTAGE

Le test de dépistage des anticorps du VIH pourrait être indiqué si vous ou votre partenaire avez eu des activités sexuelles sans condom avec :

- une personne atteinte du VIH ;
- une personne qui a ou qui a eu une MTS ;
- une personne qui a ou qui a eu de multiples partenaires ;
- une personne qui utilise des drogues intraveineuses ou qui a eu des relations sexuelles avec un utilisateur ou une utilisatrice de ces drogues.

Il est aussi indiqué si vous ou votre partenaire :

- avez partagé des aiguilles ou du matériel d'injection de drogues ou de stéroïdes ;
- avez utilisé des aiguilles non stérilisées ;
- avez reçu des transfusions sanguines ou des dérivés de sang entre 1978 et 1985 ;
- êtes dans une relation stable et souhaitez cesser l'utilisation du condom ;
- êtes enceinte ou souhaitez le devenir.

Bien sûr, les personnes qui n'ont pas eu de comportement à risque ou qui n'ont pas vécu de situations où elles auraient pu avoir été infectées par le virus n'ont pas à passer ce test.

SYMPTÔMES

Un test positif indique que le virus s'est introduit dans l'organisme. Par contre, il n'y a rien qui donne une idée du temps que le virus prendra pour manifester les symptômes rattachés au sida (phase sévère de l'infection). Toutefois, toute personne atteinte du VIH, même celle qui ne présente aucun symptôme ou signe d'infection, peut transmettre le virus.

Habituellement, l'infection suit un schéma bien précis. L'étape I se déroule ainsi : à partir du moment où la personne est infectée, il faut environ trois mois à son organisme pour développer des anticorps ; c'est pourquoi, durant les premières semaines, le test peut être négatif (il ne décèle aucun anticorps relié à la maladie). Ensuite, survient la primo-infection, qui dure peu de temps mais qui est accompagnée de certains symptômes. Cette primo-infection est suivie d'une période de latence qui peut durer des années et au cours de laquelle l'état de santé demeure stable.

À l'étape II, le système de défense s'affaiblit, ce qui permet à l'infection de progresser relativement rapidement. Apparaissent alors les symptômes suivants :

- gonflement marqué des ganglions, principalement au cou, aux aisselles et aux aines ;
- diarrhée persistante (plus d'un mois) ;
- fatigue inexpliquée et prolongée ;
- perte de poids importante non reliée à un régime alimentaire ;
- sueurs nocturnes ;
- fièvre persistante (plus d'un mois) ;
- infection de la bouche (par exemple le muguet) ;
- problèmes gynécologiques à répétition (par exemple trouble du cycle menstruel, pertes vaginales anormales, vaginite à champignons).

Ces symptômes peuvent aussi être associés à d'autres maladies.

À l'étape III, l'infection fait de grands ravages sur le corps ; c'est la phase du sida. Le système immunitaire n'est plus apte à jouer son rôle de défenseur, ouvrant ainsi la porte à toutes sortes de maladies (par exemple pneumonie, cancer, tuberculose), qui entraînent d'autres problèmes (par exemple perte de la vue, problèmes neurologiques) jusqu'à la mort.

TRAITEMENTS

Dès l'infection, le virus est actif dans l'organisme : il se multiplie et se propage très rapidement ; les traitements d'aujourd'hui aident toutefois à ralentir la réplication du virus pour aider le système immunitaire à fonctionner plus longtemps. Il peut aussi subir des changements appelés « mutations ». Ces mutations entraînent la plupart du temps une résistance du VIH au traitement. Le virus s'attaque à un certain type de cellules, soit les cellules CD4 ; il en détruit des millions par jour.

La numération des cellules CD4 permet de suivre l'évolution de la maladie. Par la connaissance du nombre de cellules présentes dans le sang, on peut mesurer la force du système immunitaire ; à mesure que la maladie évolue, le nombre de cellules CD4 diminue. Le test de charge virale mesure la quantité de virus dans le sang. Les traitements visent donc à maintenir la charge virale la moins élevée possible. En effet, si la charge virale est maintenue au minimum, le potentiel de destruction du VIH à l'égard des cellules CD4 est réduit et, par le fait même, les mutations susceptibles d'entraîner des résistances.

Bien qu'il n'existe pas encore de traitement pour guérir l'infection par le VIH, de nouvelles options thérapeutiques peuvent aider les gens aux prises avec le virus à vivre mieux et plus longtemps. Mais chaque personne réagit différemment aux traitements et aux effets secondaires qu'ils provoquent ; heureusement, certains de ces effets indésirables peuvent être amoindris. Un suivi régulier par le médecin lui permettra de reconnaître rapidement les effets secondaires et d'adopter les mesures qui s'imposent pour éviter que l'état du patient se détériore.

De saines habitudes de vie, une bonne alimentation et l'activité physique peuvent certainement aider à combattre le VIH. Un traitement approprié constitue l'une des meilleures façons de tenir le virus en échec le plus longtemps possible.

LA SYPHILIS

*L*a syphilis est une infection bactérienne qui peut être grave et affecter tout l'organisme si elle n'est pas traitée. Elle peut, par exemple, entraîner des troubles cérébraux importants ou de sérieux problèmes cardiaques.

Symptômes

Habituellement, la syphilis se manifeste en trois étapes. À l'étape I, une plaie non douloureuse apparaît à l'endroit où le microbe a initialement pénétré, de 9 à 90 jours après une relation sexuelle avec une personne infectée. Cette plaie peut donc apparaître autour du vagin ou dans celui-ci, sur le pénis, à l'intérieur de la bouche ou de l'anus. Les éruptions à l'intérieur du vagin ou de l'anus passent souvent inaperçues et si le microbe n'est pas traité, il demeure présent dans l'organisme.

À l'étape II, soit de six semaines à six mois plus tard, les symptômes ressentis ressemblent étrangement à ceux de la grippe. Une éruption peut apparaître sur la paume de la main, sur la plante des pieds ou ailleurs sur le corps. Mais il est aussi possible que l'infection évolue sans qu'aucun symptôme se manifeste.

À l'étape III, c'est-à-dire des années plus tard, si la maladie n'a toujours pas été traitée, elle peut causer de très graves problèmes de santé – maladies cardiaques, perte de la vue, paralysie, dommages au cerveau – et entraîner la mort.

TRANSMISSION

La syphilis se transmet lors d'une relation sexuelle non pro-
tégée avec pénétration du pénis dans le vagin, dans l'anus ou
dans la bouche. Généralement, la personne infectée, qu'elle
manifeste ou non des symptômes, est contagieuse durant la
première année, rarement plus. Une mère contagieuse peut
transmettre le microbe à son enfant pendant la grossesse.

TRAITEMENT

Les antibiotiques, habituellement la pénicilline à forte dose,
constituent le traitement de choix pour la syphilis. Des examens du sang aux six mois pendant deux ans permettent de
vérifier la guérison. À noter qu'il est possible d'attraper cette
infection plus d'une fois.

LA GONORRHÉE OU BLENNORRAGIE

S i vous entendez dire de quelqu'un qu'il a une « chaude-pisse », c'est qu'il a probablement la gonorrhée. À ne pas confondre avec la sensation de brûlure occasionnée par une infection des voies urinaires !

Symptômes

Chez près de 80 % des personnes infectées, la gonorrhée ne présente aucun symptôme. Dans les autres cas, les symptômes apparaissent habituellement de trois à cinq jours suivant la relation sexuelle avec une personne infectée. Des ulcères non douloureux peuvent surgir au niveau de la bouche, de la gorge, des organes génitaux et de l'anus.

Chez la femme, on note aussi des pertes vaginales inhabituelles, une sensation de brûlure à la miction, des saignements entre les règles, une douleur dans le ventre, parfois accompagnée de fièvre et de frissons, une douleur lors de la pénétration vaginale.

Chez l'homme, on observe un écoulement (qui peut être épais, crémeux ou jaune-vert) provenant du pénis, une sensation de brûlure à la miction et une douleur aux testicules.

Une douleur, des écoulements et un saignement au niveau de l'anus peuvent aussi apparaître chez les deux sexes.

Si la gonorrhée n'est pas traitée et guérie, elle peut se propager à l'utérus et aux trompes de Fallope, occasionnant ainsi une salpingite. Cela peut causer des douleurs chroniques au ventre, entraîner la stérilité ou provoquer une grossesse ecto-pique (en dehors de l'utérus). Chez les hommes, l'infection peut s'étendre aux testicules et causer la stérilité. Dans tous les cas, une gonorrhée non traitée peut provoquer une inflam-mation des articulations.

L'enfant né d'une mère infectée peut souffrir d'infection aux yeux dans les semaines suivant sa naissance.

TRANSMISSION

La gonorrhée se transmet par contact sexuel avec pénétration du pénis dans le vagin, dans l'anus ou dans la bouche. Le microbe se transmet même si la personne infectée ne mani-feste aucun symptôme.

TRAITEMENT

Habituellement, la gonorrhée se traite efficacement par anti-biotiques. Il est important de suivre le traitement au complet et de consulter à nouveau le médecin pour les tests de con-trôle, puisque la gonorrhée peut être résistante à certains antibiotiques. À noter qu'on peut l'attraper plus d'une fois.

L'INFECTION À CHLAMYDIA

L'infection à chlamydia est une MTS particulièrement répandue chez les personnes âgées entre 15 et 30 ans ; par exemple, elle est au moins trois fois plus fréquente que la gonorrhée.

Symptômes

Dans près de 50 % des cas, l'infection à chlamydia ne cause aucun symptôme. Dans les autres cas, les symptômes apparaissent généralement de quelques jours à trois semaines suivant le rapport sexuel avec une personne infectée. Ils sont difficiles à reconnaître puisqu'ils sont intermittents.

Chez la femme, on observe des pertes vaginales nouvelles ou différentes, une sensation de brûlure à la miction, des saignements entre les règles, une douleur dans le ventre accompagnée parfois de fièvre et de frissons, une douleur lors de la pénétration.

Chez l'homme, on note des écoulements clairs ou blanchâtres provenant du pénis, une démangeaison à l'intérieur du pénis, une sensation de brûlure à la miction et des douleurs aux testicules.

Une douleur, des écoulements et un saignement au niveau de l'anus peuvent se manifester dans tous les cas.

Si l'infection n'est pas soignée, elle peut se propager à l'utérus et aux trompes de Fallope, provoquant ainsi une salpingite.

Cela peut entraîner des douleurs chroniques au ventre, une grossesse ectopique (hors de l'utérus) et la stérilité. Chez l'homme, l'infection peut gagner les testicules. Elle peut également provoquer une inflammation des articulations et des yeux, tant chez les hommes que chez les femmes.

L'enfant né d'une mère infectée pourra souffrir d'infection aux yeux et aux poumons dans les semaines qui suivent sa naissance.

TRANSMISSION

L'infection à chlamydia se transmet par relation sexuelle avec pénétration du pénis dans le vagin, dans l'anus ou dans la bouche. On peut attraper cette infection plus d'une fois.

TRAITEMENT

La maladie peut être traitée efficacement par des antibiotiques.

LES PRÉCAUTIONS

É tant donné que tout rapport sexuel non protégé avec une personne infectée entraîne un risque très élevé de contamination, il est nécessaire, voire vital, de prendre toutes les précautions nécessaires. Certaines MTS ne provoquent aucun symptôme, ce qui augmente les risques de propagation (on ne se méfie pas !). Voici donc quelques conseils utiles pour vous protéger :

• Si vous devez prendre des médicaments, suivez le traitement au complet (par exemple 10 jours pour des antibiotiques), selon les directives du médecin, même si les symptômes ont disparu. Il est préférable d'éviter de se soigner soi-même avec des crèmes, des onguents ou des médicaments non prescrits ;

• Prévenez votre ou vos partenaires sexuels afin qu'ils consultent leur médecin et qu'ils reçoivent les traitements appropriés, au besoin. Pour certaines MTS, les partenaires doivent suivre un traitement même s'ils n'ont pas de symptômes et même si les tests sont normaux ;

• Utilisez un condom à chaque relation sexuelle pendant toute la durée du traitement et jusqu'à ce que le médecin confirme la guérison.

On appelle maladie à déclaration obligatoire toute maladie que l'on doit répertorier à des fins statistiques. Les dépistages sont maintenant anonymes; vous pouvez donc consulter des cliniques en toute confiance – votre nom n'apparaîtra nulle part. Certains organismes ou professionnels de la santé

proposent de faire le suivi en ce qui concerne la communication aux partenaires. Enfin, notez que plusieurs médicaments
pour le traitement de certaines MTS sont offerts tout à fait
gratuitement au Québec. Consultez plutôt que de subir ou de
vous inquiéter !

Sources : Santé Canada et ministère de la Santé et des Services sociaux du
Québec

Les méthodes de contraception

Les moyens de contraception sont nombreux, et chacun comporte sa part d'avantages et d'inconvénients. Pour choisir la meilleure méthode contraceptive en fonction de ses propres besoins, il est essentiel d'avoir une information adéquate et à jour. Une méthode peut en effet s'avérer intéressante pour l'un et tout à fait inappropriée pour l'autre.

Voici quelques questions à vous poser avant d'arrêter votre choix* :

• Quel est le degré d'efficacité de cette méthode ?

• Comporte-t-elle des risques pour ma santé ?

• Peut-elle m'aider (ainsi que mon partenaire) à éviter les MTS (maladies transmissibles sexuellement) ?

• Si cette méthode exige la coopération de mon partenaire, pourrai-je compter sur lui *chaque fois* que nous aurons des rapports sexuels ?

• Cette méthode demande-t-elle une préparation *au moment même* du rapport sexuel ? Si oui, mon partenaire et moi-même l'utiliserons-nous *systématiquement* ?

• L'utilisation de cette méthode contraceptive aujourd'hui modifiera-t-elle ma capacité d'avoir des enfants plus tard ?

• Cette méthode me pose-t-elle des problèmes moraux ou religieux ?

• Puis-je me payer cette méthode de contraception ?

* Tiré de : Janssen-Ortho inc., 2000

La grande majorité des questions s'adressent aux femmes puisque, dans presque tous les cas, ce sont elles qui doivent insérer, prendre ou porter la méthode de contraception choisie, mais l'homme a aussi son mot à dire... et ses responsabilités à assumer ! Les partenaires de vie doivent prendre en considération *tous les effets* des méthodes offertes et opter pour le moyen qui convient aux deux. Mais d'abord, parlons brièvement de reproduction...

LE CYCLE MENSTRUEL

*L*e corps de la femme en bonne santé se prépare chaque mois pour une grossesse. Ce processus est régi par différentes hormones qui interagissent les unes avec les autres. Habituellement, le corps commence à produire ces hormones vers l'âge de 10-12 ans.

Le cycle menstruel est la période comprise entre le premier jour des règles (« menstruations ») et la veille des prochaines règles. De façon générale, ce cycle dure environ 28 jours, mais il est tout à fait normal qu'il s'échelonne entre 25 et 35 jours.

Si on se fie au cycle de 28 jours, c'est au milieu de celui-ci – c'est-à-dire environ 14 jours après le début des règles – que l'un des ovaires libère un ovule. S'il y a relation sexuelle durant cette période du mois, l'ovule peut être fécondé par un spermatozoïde.

Les spermatozoïdes peuvent vivre deux ou trois jours dans le col utérin, alors qu'un ovule non fécondé survit entre six et douze heures. Il faut environ trois jours à l'ovule fécondé pour passer de la trompe de Fallope à l'utérus. Ensuite, il faut compter environ neuf jours avant que cet ovule – si minuscule soit-il – soit complètement implanté dans l'endomètre.

Près de 50 % des ovules fécondés ne survivent pas. Si l'ovule meurt, la couche superficielle de la paroi utérine se détache naturellement et est évacuée pendant les règles.

Donc, la possibilité de faire un enfant chez les couples n'utilisant pas de méthode de contraception est évaluée à 85 %.

Je vous présente maintenant les différentes méthodes de contraception, réversibles ou permanentes, naturelles, hormonales ou mécaniques, tant chez les hommes que chez les femmes.

LES MÉTHODES CHEZ LA FEMME

LES MÉTHODES NATURELLES

La méthode du calendrier

*C*ette méthode consiste à établir le graphique de son cycle menstruel pour déterminer les périodes de fécondité afin soit d'éviter les rapports sexuels durant cette période, soit d'évaluer le moment où les chances de concevoir sont les plus grandes. Pour ce faire, la femme note sa température ainsi que la texture de sa glaire cervicale (sécrétion visqueuse) par les pertes vaginales afin de déterminer le jour de l'ovulation (la glaire est claire et liquide et la température à la hausse).

Voici quelques informations utiles concernant ce moyen contraceptif :

- Cette méthode comporte un risque élevé d'échec en ce qui a trait à la contraception ; en fait, elle s'applique davantage aux gens désireux de concevoir ;
- Elle n'offre aucune protection contre les MTS ;
- Il est fortement recommandé de demander à un professionnel de la santé des instructions pour repérer adéquatement les périodes de fécondité et les consigner sur un graphique ;
- C'est une méthode admise par la majorité des religions ;
- Son efficacité dépend largement de la connaissance que la femme possède vis-à-vis de son corps et d'une utilisation éclairée de la méthode ;

- Les coûts se limitent à l'achat d'un thermomètre pour la température basale et au matériel pour le graphique.

Le retrait
Cette méthode consiste pour l'homme à se retirer du vagin de la femme avant d'éjaculer. Le taux d'échec est relativement élevé puisqu'il n'est pas toujours possible de se « contrôler » durant une relation sexuelle et qu'une petite quantité de sperme ou de liquide pré-éjaculatoire peut avoir été émise.

Au mieux, le retrait comme méthode de contraception n'est efficace qu'à 79 %. Comme pour la méthode du calendrier, elle n'offre aucune protection contre les MTS.

LES MÉTHODES HORMONALES

La pilule
Mise au point il y a plus de trente ans, la pilule anticonceptionnelle est de loin la méthode contraceptive la plus utilisée et la plus efficace (après la stérilisation) – dans la mesure où elle est utilisée correctement et régulièrement. Le contraceptif oral, ou anovulant, contient deux hormones femelles synthétiques : un œstrogène et un progestatif ; leur combinaison bloque l'ovulation en empêchant la libération d'un ovule.

Dans un premier temps, la pilule empêche la glaire cervicale (liquide sécrété par le col de l'utérus) de s'éclaircir, contrairement à ce qui se produit normalement pendant l'ovulation. Une glaire cervicale claire permet aux spermatozoïdes de parvenir à l'utérus, alors qu'une glaire épaisse et gluante leur rend la tâche difficile, voire impossible. Dans un deuxième temps, la pilule empêche la paroi interne de l'utérus, c'est-à-dire l'endomètre, de se gonfler et de s'épaissir ; en temps normal, l'endomètre se gonfle pour favoriser la nidation d'un ovule.

Les pilules vendues actuellement contiennent de faibles doses hormonales, comparativement à celles qui étaient offertes sur le marché au début. La plupart ont peu d'effet sur le poids, la tension artérielle, le métabolisme des graisses dans le sang et la formation de caillots sanguins.

Il existe différents types de pilules, que l'on peut classer dans trois catégories :

1. les monophasiques : la dose d'œstrogène et de progestatif est la même dans les 21 comprimés ;

2. les biphasiques : la dose d'œstrogène et de progestatif varie. Dans la première partie du cycle (environ la moitié), les comprimés contiennent une dose d'œstrogène et une petite quantité de progestatif, alors que pendant la deuxième partie du cycle, la dose d'œstrogène reste la même mais la dose de progestatif augmente ;

3. les triphasiques : les phases sont divisées en trois et on peut les reconnaître à la couleur des comprimés. À la première phase (6 ou 7 jours, selon la marque), la dose de progestatif est faible ; à la deuxième phase, elle augmente un peu ; à la troisième phase, elle augmente ou s'abaisse, selon la marque. La dose d'œstrogène reste la même dans les 21 comprimés ou ne change que très légèrement d'une phase à l'autre.

Voici quelques informations utiles concernant ce moyen de contraception.

- Si vous oubliez de prendre plusieurs pilules, ou même une seule, quel que soit le moment du cycle, vous devrez recourir à une méthode de contraception complémentaire ;

- La pilule n'offre aucune protection contre les maladies transmissibles sexuellement, y compris le VIH ;

- Son utilisation se traduit par des règles moins abondantes et plus régulières, et par une diminution des problèmes menstruels ;

- La pilule peut entraîner des effets secondaires, particulièrement au cours des deux premiers mois; on note entre autres des nausées, de la rétention d'eau, une sensibilité mammaire, une absence de règles, de légers saignements entre les règles, des infections vaginales, une prise de poids et des humeurs changeantes. Parlez-en à votre médecin si ces effets sont trop marqués et vous perturbent ; il vous proposera une pilule contenant une combinaison hormonale différente ;

- Si vous fumez, la pilule augmentera le risque de formation de caillots sanguins dangereux, de crises cardiaques et d'accidents vasculaires cérébraux.

Avant de vous présenter à la pharmacie pour vous procurer la pilule, vous devez d'abord subir un examen médical et obtenir une ordonnance de votre médecin. Toute femme qui prend la pilule doit passer un examen médical périodique.

L'implant contraceptif

Cette méthode consiste à implanter de minces capsules faites d'un matériau souple dans la partie supérieure du bras, par une petite incision sous-cutanée. Ce système contraceptif en six petites capsules n'est délivré que sur ordonnance médicale.

Les capsules renferment une hormone qui agit comme la progestérone (que l'on trouve aussi dans les contraceptifs oraux) ; celle-ci empêche la libération de l'ovule, entraîne un épaississement de la muqueuse du col utérin et provoque des modifications au niveau de l'endomètre, rendant presque impossible l'implantation d'un ovule fécondé.

L'implant contraceptif peut rester en place pendant cinq ans. Il est efficace dès les premières 24 heures s'il est installé pendant les sept premiers jours d'un cycle menstruel normal. Il peut être retiré en tout temps par le médecin si vous souhaitez devenir enceinte ou cesser tout moyen de contraception.

Voici quelques informations utiles concernant cette méthode :

- Le système d'implant contraceptif n'offre aucune protection contre les maladies transmissibles sexuellement ;

- Cette méthode comporte un coût initial élevé, car il faut payer à l'avance pour toute la durée du traitement ; toutefois, le coût moyen est faible si on le calcule sur toute la durée d'utilisation (c'est-à-dire plusieurs années) ;
- L'implant peut causer des irrégularités menstruelles et de l'acné ;
- Il faut parfois retirer prématurément l'implant si une irritation survient là où il a été inséré.

L'implant contraceptif doit être mis en place et retiré sous anesthésie locale par un médecin.

Les contraceptifs en injection

Ce produit est offert sur ordonnance seulement et est commercialisé sous le nom de Depo-Provera^{MD}. L'injection intramusculaire, qui est donnée dans la partie supérieure du bras ou dans la fesse tous les trois mois environ (entre 10 et 13 semaines), bloque l'ovulation, empêchant ainsi les risques de grossesse. C'est une méthode de contraception réversible efficace si elle est administrée en temps voulu.

Son efficacité n'est pas altérée par la prise d'autres médicaments courants (par exemple, les antibiotiques). L'emploi de Depo-Provera n'est pas contre-indiqué chez les fumeuses.

Voici quelques informations utiles concernant ce moyen contraceptif* :

- Cette méthode n'offre aucune protection contre les maladies transmissibles sexuellement ;
- Les contraceptifs en injection peuvent entraîner des irrégularités menstruelles, de légers saignements entre les règles ou une absence totale de règles ;
- D'autres effets secondaires sont possibles : une prise de poids dans certains cas et l'accélération de la perte de la densité osseuse (élévation du risque d'ostéoporose pour les femmes à petite ossature, celles qui font peu d'exercice et celles qui fument) ;

- Cette méthode peut retarder la capacité de concevoir un enfant de six à huit mois après la dernière injection.

* Tiré de : Janssen-Ortho inc., 2000

LES MÉTHODES DE BARRIÈRE

Éponge et spermicides

L'éponge, les mousses, les pellicules, les crèmes, les ovules et les comprimés vaginaux spermicides sont offerts en vente libre dans les pharmacies et ne nécessitent aucune prise de médicament. Ils sont insérés dans le vagin peu de temps avant la relation sexuelle ; il faut les laisser de 5 à 15 minutes dans le vagin avant de les considérer comme efficaces.

Ces produits, dont l'efficacité est de très courte durée, contiennent des substances chimiques qui détruisent le sperme (spermicides). Ils sont beaucoup plus efficaces lorsqu'ils sont utilisés avec un préservatif en latex (condom).

L'*éponge* est mise en place sur le col de l'utérus pour empêcher les spermatozoïdes d'entrer dans l'utérus et de féconder un ovule. Il faut la retirer au plus tôt six heures et au plus tard 24 heures après le rapport sexuel.

Les *mousses*, les *gelées* et les *crèmes* sont insérées à l'aide d'un applicateur. Elles servent de barrière contre le sperme entre le vagin et l'utérus.

Pour ce qui est des ovules spermicides, leur protection ne débute que 10 à 15 minutes après leur introduction dans le vagin et dure une heure tout au plus.

Voici quelques informations utiles concernant ces moyens contraceptifs :

- Ces dispositifs peuvent être utilisés au besoin, indépendamment de la fréquence des rapports sexuels ;
- Ils ne contiennent aucune hormone ;
- Ils n'offrent aucune protection contre certaines maladies transmissibles sexuellement, dont le VIH ;

- L'éponge ne peut pas être utilisée durant les règles ;
- L'emploi de ces dispositifs est permis chez les femmes qui fument ;
- L'éponge et les spermicides peuvent provoquer des réactions allergiques.

Diaphragme, cape cervicale, bouclier de Lea

Ces dispositifs flexibles, en caoutchouc ou en plastique, doivent être utilisés en association avec un spermicide mais ils ne nécessitent aucune prise de médicament. On les emploie uniquement lors des rapports sexuels. Certains d'entre eux aident à protéger des maladies transmissibles sexuellement.

La forme et la substance varient de l'un à l'autre. Le diaphragme est un dispositif circulaire en latex en forme de dôme, alors que la cape cervicale est un dispositif circulaire en caoutchouc en forme de dé à coudre. Le bouclier de Lea, quant à lui, est un dispositif en silicone en forme de coupe ; il est doté de deux cordons pour faciliter son insertion et son retrait.

Il est nécessaire de subir un examen médical de la région pelvienne afin de déterminer la bonne taille des dispositifs et de s'assurer d'un ajustement adéquat puisqu'ils peuvent bouger lors du rapport sexuel.

Ces dispositifs réutilisables doivent être insérés juste avant le rapport sexuel ou dans les 60 minutes qui le précèdent ; il faut les retirer au plus tôt six heures et au plus tard 24 heures après la relation sexuelle. Pour préserver leur efficacité, il convient de les nettoyer soigneusement après chaque utilisation et de les ranger en lieu sûr.

Ces méthodes s'adressent davantage aux femmes n'ayant pas de difficulté à toucher à leurs organes génitaux et à y insérer un doigt pour aller porter l'objet contre le col de l'utérus.

Voici quelques informations utiles concernant ces moyens contraceptifs :

- Les boucliers de Lea ne demandent aucune ordonnance médicale, car ils sont vendus en vente libre en pharmacie ;
- Leur usage est permis chez les femmes qui fument ;
- Ces dispositifs offrent une certaine protection contre les maladies transmissibles sexuellement parce qu'ils forment une barrière au col de l'utérus ;
- L'emploi du diaphragme augmenterait le risque d'infection chronique des voies urinaires ;
- L'emploi régulier de ces moyens contraceptifs peut intensifier les odeurs et les pertes vaginales ;
- Ces dispositifs peuvent provoquer des réactions allergiques (latex, spermicides) ;
- Ils ne peuvent être utilisés pendant les règles ;
- La cape cervicale peut provoquer des anomalies du frottis de Papanicolaou (le test de Pap) et il faut éviter de la porter pendant plus de 48 heures ;
- Utilisé avec un spermicide, le bouclier de Lea est une méthode de barrière efficace pour les femmes qui n'ont pas eu d'enfants ; il doit être remplacé après six mois d'utilisation.

Le préservatif féminin

Habituellement nommée « condom féminin », cette méthode de barrière est vendue en pharmacie et ne nécessite aucune consultation médicale avant utilisation. Certaines femmes trouvent difficile d'utiliser ce condom ; de fait, son insertion nécessite une certaine expérience. À noter : plus il y a de manipulations, plus les risques de ruptures augmentent...

La gaine de ce préservatif jetable est faite de polyuréthanne. Son extrémité fermée est mise en place à l'intérieur et au fond du vagin, alors que son extrémité ouverte demeure à l'extérieur. C'est une barrière physique qui prévient le contact génital direct et l'échange de liquides organiques.

Voici quelques informations utiles à propos de ce moyen contraceptif :

- Bien utilisé lors de la pénétration, le préservatif féminin fournit une protection contre les maladies transmissibles sexuellement, y compris le VIH ;
- Il peut se déplacer au cours du rapport sexuel, ce qui altère son efficacité, ou se rompre lors du retrait ;
- Son usage est unique.

LE DISPOSITIF INTRA-UTÉRIN OU STÉRILET

C'est une méthode contraceptive de longue durée puisqu'une fois inséré, le dispositif intra-utérin (D.I.U) peut être porté jusqu'à cinq ans (la durée varie selon le type de produit). Il a la forme d'un T et est composé de cuivre qui, par son action, tue les spermatozoïdes pour empêcher la fécondation d'un ovule. De plus, il modifie la muqueuse tapissant l'intérieur de l'utérus afin de la rendre inadéquate à la nidation.

Le stérilet convient aux femmes qui fument ou qui allaitent, mais peut être inadéquat pour celles qui présentent des risques d'infection. Son efficacité augmente si sa position est vérifiée régulièrement par un médecin et si les partenaires utilisent un préservatif ou un spermicide lors des périodes fécondes.

Voici quelques informations utiles sur ce moyen de contraception :

- Le stérilet ne modifie en rien le déroulement des relations sexuelles ;
- Son efficacité n'est pas altérée par la prise de médicaments courants tels que les antibiotiques ;
- Le port du stérilet est associé à une augmentation des douleurs menstruelles chez certaines femmes ;
- Les risques de salpingite aiguë (infection des trompes utérines) sont élevés au cours des premiers mois ;

- Le D.I.U. ne protège pas contre les maladies transmissibles sexuellement ;
- Le stérilet est déconseillé aux femmes prédisposées aux infections (par exemple en présence de leucémie, d'un affaiblissement du système immunitaire, de l'emploi de drogues intraveineuses et de sida) ;
- Les femmes ayant déjà été enceintes une fois toléreraient plus facilement le stérilet que celles qui ne l'ont jamais été.

LA STÉRILISATION

La ligature des trompes est une solution chirurgicale permanente ; elle convient donc seulement aux femmes qui ont choisi de ne plus avoir d'enfant. Cette intervention consiste à fermer, à nouer, à ligaturer et à cautériser les trompes de Fallope pour empêcher que l'ovule libéré par l'ovaire entre en contact avec le sperme. La probabilité de réversibilité est très faible, c'est la raison pour laquelle on la qualifie de méthode permanente.

Généralement, l'intervention se produit dans une unité de chirurgie d'un jour, sous anesthésie locale ou générale. La laparoscopie permet d'utiliser un instrument spécial qui nécessite seulement deux petites incisions (de moins de 1 cm) dans l'abdomen, alors que la mini-laparotomie demande l'incision d'une petite partie de l'abdomen. Les trompes sont généralement scellées par un courant électrique (coagulation), une pince, un anneau ou une ligature, ou une salpingectomie partielle (prélèvement d'un petit segment de chaque trompe).

Voici quelques informations utiles sur cette méthode permanente :
- La ligature des trompes n'a aucun effet sur la fonction hormonale normale des ovaires ;
- Elle entraîne peu d'effets secondaires ou de complications ;
- Elle ne comporte aucune prise d'hormone ;

- Cette méthode ne protège pas contre les maladies trans-missibles sexuellement ;
- La stérilisation est généralement permanente et difficile-ment réversible, d'où la possibilité de regrets après l'inter-vention ; il convient de n'opter pour cette intervention qu'après mûre réflexion.

LES MÉTHODES CHEZ L'HOMME

LA MÉTHODE HORMONALE

La *pilule* pour homme existe bel et bien, mais elle est encore à l'étape de l'étude. Des hommes se prêtent actuellement aux essais ; si les résultats sont concluants, les hommes pourront se procurer la pilule en 2005. Comme pour les anovulants destinés aux femmes, il faudra prendre ces comprimés quotidiennement.

Trouver la combinaison idéale de progestérone et de testostérone en vue de la contraception est un processus complexe, qu'il est difficile de commercialiser actuellement. Pour expliquer les balbutiements dans ce domaine, certains disent qu'il est plus facile de s'attaquer à un seul ovule qu'à des milliers de spermatozoïdes...

LA MÉTHODE DE BARRIÈRE

Le *préservatif masculin*, communément appelé « condom », est une méthode contraceptive peu coûteuse et en vente libre. Ce dispositif peut être très efficace dans la prévention des maladies transmissibles sexuellement, car le latex dont il est fait offre une barrière physique qui prévient le contact génital direct et l'échange de liquides organiques.

Il existe différents types de condom et il appartient à l'homme de trouver celui qui lui convient : grandeur, lubrifié ou non, texturé, coloré… Avec toute cette variété, il est important de s'assurer que le condom employé est de bonne qualité, voire recommandé. Il faut aussi vérifier la date d'expiration et si l'emballage comprend un numéro de lot. La présence de ce numéro de lot garantit que le produit est conforme aux normes et qu'il a été vérifié et testé.

Les préservatifs doivent être conservés dans des endroits appropriés et protégés des changements majeurs de température. Il faut donc éviter de les placer dans le coffre à gants de la voiture ou dans un sac à côté des clés…

Voici quelques conseils pour bien utiliser le condom :

- Assurez-vous de voir sur la boîte, ou sur l'enveloppe du condom, le numéro de lot ainsi que la date d'expiration ;
- Déchirez doucement l'enveloppe protectrice ; surtout, évitez de vous servir de vos dents ;
- Tenez le préservatif par l'anneau afin de voir de quel côté il se déroulera ;
- Pincez le bout du réservoir avec l'intérieur de vos doigts (prenez garde aux ongles qui peuvent l'abîmer) et déroulez le condom sur le pénis jusqu'à la base ;

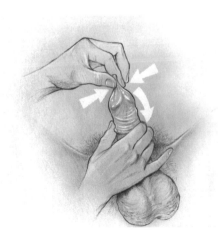

- Vous pouvez ajouter un peu de lubrifiant à base d'eau (*voir la section sur les lubrifiants à la page 129*) à l'intérieur du bout réservoir avant de le dérouler, cela augmentera la sensibilité ;

- N'utilisez JAMAIS de produits à base de pétrole (comme la Vaseline), des huiles minérales, de l'huile pour bébés, des lotions pour les mains ou le corps, ou encore de la crème fouettée : ils dissolvent le latex et détruisent les préservatifs (même effet pour les dispositifs de latex tel que le diaphragme) ;

- Si vous l'utilisez comme il convient, le préservatif vous protégera contre les maladies transmissibles sexuellement, y compris le VIH, lors de pénétrations vaginales ou anales.

Certains hommes trouvent que le condom nuit au maintien de l'érection ; d'autres affirment qu'il les aide à prolonger l'éjaculation.

LA STÉRILISATION

La *vasectomie* est une solution chirurgicale permanente (sauf exception) ; elle convient aux hommes qui ont choisi de ne plus procréer. Cette méthode très efficace peut être réversible (par une intervention chirurgicale) dans certains cas ; toutefois, la réversibilité n'est pas toujours possible.

La vasectomie se fait généralement dans le cabinet du médecin et sous anesthésie locale seulement ; elle consiste à sceller les canaux déférents qui transportent le sperme des testicules à l'urètre. Cette stérilisation n'altère pas l'éjaculation, mais le liquide ne contient plus de spermatozoïdes. On sectionne les canaux déférents en prélevant un petit segment de chaque tube. Ensuite, les deux extrémités sont scellées par coagulation, une pince ou une suture.

Voici quelques informations utiles sur ce moyen de contraception permanent :

- Après l'intervention menant à la vasectomie, il est recommandé d'utiliser un autre moyen de contraception jusqu'à ce qu'une analyse du sperme confirme l'absence de spermatozoïdes ;
- Cette méthode ne protège pas contre les maladies transmissibles sexuellement ;
- Elle n'interfère pas avec la fertilité de la partenaire ;
- Elle ne modifie pas le déroulement de la relation sexuelle et n'altère pas la réponse sexuelle ;
- L'intervention chirurgicale peut provoquer des douleurs ou une enflure pendant quelques jours.

UNE VUE D'ENSEMBLE

*P*eu importe le moyen choisi, je suggère aux couples de discuter régulièrement de leur satisfaction à cet égard et de ne pas hésiter à changer de méthode si un malaise s'installe. La diversification devrait vous permettre de trouver ce qui vous convient le mieux.

Méthode	Efficacité	Avantages	Inconvénients
Contraceptifs oraux – pilule	97 % dans les conditions typiques d'utilisation, 99,9 % en cas d'utilisation parfaite	Utilisation facile, n'interrompt pas le rapport sexuel, règles moins abondantes et plus régulières, diminution du risque de cancers de l'ovaire et de l'endomètre, d'infections pelviennes et d'ostéoporose, soulagement du syndrome prémenstruel, prévention de l'acné	Nécessité d'une prise quotidienne, aucune protection contre les MTS, effets secondaires minimes, utilisation contre-indiquée chez les fumeuses de 35 ans et plus
Implant contraceptif	99,9 %	N'interrompt pas le rapport sexuel, peut rester en place pendant un maximum de 5 ans	Coûteux, irrégularités menstruelles, risque d'irritation locale au site d'implantation, aucune protection contre les MTS

Contraceptif en injection	99,7 %	Inoffensif, efficace, commode	Irrégularités menstruelles, gain de poids, élévation du risque d'ostéoporose, la capacité de concevoir peut être retardée pendant 6 à 8 mois après la dernière injection, aucune protection contre les MTS
Spermicides	79 % utilisés seuls	En vente libre, effets secondaires minimes	Risque d'irritation locale ou de réaction allergique, applications répétées nécessaires, aucune protection contre les MTS
Préservatifs seuls – masculin – féminin	 88 % 79 %	En vente libre, ne s'utilisent qu'au besoin, diminution du risque de transmission de MTS, y compris le sida	Risque de rupture, diminution des sensations pour certains, risque de réaction allergique au latex
Cape cervicale plus spermicide – déjà eu un enfant – jamais eu d'enfant	 64 % 82 %	Réutilisable, pas d'applications répétées de spermicide, peut être placée à l'avance et laissée en place pendant un maximum de 48 heures	Nécessité d'un examen médical, doit être laissée en place 8 heures après le rapport sexuel, risque d'irritation locale, d'infection ou d'apparition d'odeurs désagréables, aucune protection contre les MTS

Diaphragme plus spermicide	88,2 %	Réutilisable, facile à obtenir, peut être placé à l'avance et laissé en place pendant un maximum de 24 heures	Nécessité d'un examen médical, doit être laissé en place pendant 6 heures après le rapport sexuel, risque d'irritation locale, aucune protection contre les MTS
Éponge – déjà eu un enfant – jamais eu d'enfant	64 % 82 %	Utilisation facile, prête à l'emploi, efficace jusqu'à 24 heures après la mise en place, en vente libre	Non réutilisable, risque de réaction allergique, doit être laissée en place pendant 6 heures après le rapport sexuel, aucune protection contre les MTS
Contraceptif de Lea plus spermicide	93 %	Réutilisable (jusqu'à 6 mois), taille unique pour toutes les femmes, peut être laissé 48 heures en place, en vente libre	Mise en place et retrait parfois ardus, exige des applications répétées de spermicide, doit être laissé en place pendant 8 heures après le rapport sexuel, aucune protection contre les MTS
Stérilet	98 % - 99,9 %	Aucune planification requise, présence non ressentie au cours du rapport sexuel, peu coûteux, peut être laissé en place pendant 2 1/2 ans	Nécessité d'un examen médical, mise en place par un médecin seulement, risque de douleurs et d'irrégularités menstruelles, peut augmenter le risque d'infection, aucune protection contre les MTS

Stérilisation	99,6 % - 99,8 %	Pas d'effets à long terme sur la santé, pas de problèmes de contraception futurs	Nécessité d'une opération, en principe irréversible, éventuelles complications mineures, aucune protection contre les MTS
Méthodes naturelles	80 % uniquement dans des cas d'utilisation parfaite	Pas d'effets secondaires, améliore la connaissance du corps	Risque élevé d'échec, restriction du nombre de jours avec rapports sexuels « sans danger », exige une mise en graphique et une planification rigoureuse, aucune protection contre les MTS
Retrait	79 %	Pas de planification	Risque élevé d'échec, n'est pas considéré comme une méthode efficace de contrôle des naissances, aucune protection contre les MTS
Hasard (aucune méthode)	15 %	Pas de planification	Risque élevé d'échec, aucune protection contre les MTS

Sources : dépliant publié par Janssen-Ortho inc., 2000 ; dépliant publié par Berlex Canada inc., dépliant publié par Pharmacia & Upjohn, 2000

Faire l'amour toute la vie

La sexualité n'a pas d'âge et le plaisir n'est pas réservé qu'aux fringants ! Il est vrai que les années s'accumulent sur le corps, le rendant ainsi moins souple, altérant ses capacités et modifiant ses réactions, mais en changeant les façons de se faire plaisir, on peut encore atteindre le point culminant.

Il est tout à fait naturel en effet que la sexualité se modifie au cours des années, notamment pour les couples qui vivent ensemble depuis un certain temps. L'habitude et la promiscuité reliées au quotidien rendent la passion vaporeuse quand elles ne l'éliminent pas, tout simplement. À force de se voir de trop près, on ne se regarde plus de la même façon. Certains en arrivent à croire qu'il n'y a plus rien à découvrir chez l'autre. ERREUR !

Tant de trésors sont enfouis, tant de nouvelles sensations restent à découvrir ! Il ne faut pas laisser l'insipidité gagner le terrain ; cela crée de la diversion et amène les gens à s'éloigner d'eux-mêmes, les privant alors de toute curiosité. Le dépassement du couple passe inévitablement par le dépassement de soi.

En fait, le dépassement permet d'aller bien au-delà de la génitalité et trouve sa raison d'être dans ce qui compte le plus : le bien-être. Je vous souhaite donc de vous dépasser, de vous accomplir et de vous épanouir, sexuellement comme sur tous les plans...

Table des matières